开发一门
场景化课程

李　锦 ◎ 著
李京泽 ◎ 绘

中华工商联合出版社

图书在版编目（CIP）数据

开发一门场景化课程 / 李锦著；李京泽绘图. --
北京：中华工商联合出版社，2023.8
（培训经理枕边书 / 李锦主编；1）
ISBN 978-7-5158-3733-8

Ⅰ.①开… Ⅱ.①李…②李… Ⅲ.①企业管理–职工培训 Ⅳ.①F272.921

中国国家版本馆CIP数据核字（2023）第146132号

开发一门场景化课程

作　　者：	李　锦
出 品 人：	刘　刚
责任编辑：	吴建新　关山美
装帧设计：	张合涛
责任审读：	郭敬梅
责任印制：	迈致红
出版发行：	中华工商联合出版社有限责任公司
印　　刷：	北京毅峰迅捷印刷有限公司
版　　次：	2023年9月第1版
印　　次：	2023年9月第1次印刷
开　　本：	710mm×1000 mm 1/16
字　　数：	200千字
印　　张：	15
书　　号：	ISBN 978-7-5158-3733-8
定　　价：	56.00元

服务热线：010-58301130-0（前台）
销售热线：010-58302977（网店部）
　　　　　010-58302166（门店部）
　　　　　010-58302837（馆配部、新媒体部）
　　　　　010-58302813（团购部）
地址邮编：北京市西城区西环广场A座
　　　　　19-20层，100044
http://www.chgslcbs.cn
投稿热线：010-58302907（总编室）
投稿邮箱：1621239583@qq.com

工商联版图书
版权所有　盗版必究

凡本社图书出现印装质量问题，
请与印务部联系。

联系电话：010-58302915

感恩致谢

孙卫珏先生（Frank）

第一次遇见孙先生是在入职时代光华的问询会上，他作为公司创始人与总裁带领九个相关部门负责人组成的专家组对我进行最后一轮的入职问询，别开生面的场景犹如昨天。睿智、稳重的Frank先生是当之无愧的前辈，在我心目中更是一位和蔼可亲的师长。也因此次面试，我才有机会为国内500强中过半的企业提供培训的落地服务，优质的客户资源为这套丛书的原始资料积累起到了不可磨灭的作用。

提及先生与时代光华，唯有感恩。

徐民鹰院长

徐院长是我在赴德国莱茵兰普法尔茨州参加职业教育培训期间的带队团长，更是实至名归的导师。作为高等"教育管理与研究"的研究员，徐院长曾多次组织和负责北京市高等职业教育多项研究和师资培训项目，并多次带领团队赴德国、英国、爱尔兰、新加坡、新西兰等国家研究现代职业教育理论与实践。徐院长对待工作的态度极其严谨，重实践的同时更注重科学的理论支撑与依据。我在编写本套图书时，他给予我诸多中肯的意见。在徐院长的指导下与其技术合作的十余年，我在职业生涯中养成心中常念"紧箍咒"的习惯，以敬畏之心对待工作中的点点滴滴。

王燚

　　王燚是北京师范大学教育学硕士，外表虽文静，在工作中却像名字中所含的四个火字，难以掩饰的冰雪聪明与出类拔萃。难能可贵的是，当面对工作中的技术难题时，她总能及时并精准地提出综合意见与独到见解，这些都如一颗一颗的小星星在这套丛书的每个角落闪闪发光。与王燚的并肩合作酣畅淋漓。这位集才华与美貌于一身的姑娘，是一位弥足珍贵的宝藏队友。

李京泽

　　她是小小插画师，之所以称之为"小"，因为她是我的女儿，从小喜欢涂鸦，但让我感到愧疚的是在她考入大学之前作为家长没能正视她的喜好与意愿，更没有提供给她太多的学习机会。万幸的是，女儿凭借着不懈努力与坚定信念考入四川美术学院美术教育专业，学她所爱。当得知我在编写此套丛书时，作为大二学生的她果敢地承担了全部插画工作。图书中出现的脸上带有雀斑的"阿文老师"以及发型拽酷的"销售大金"等人物形象，都是她坚守创意的结果，虽稚嫩且还有很大的成长空间，但阻挡不了我对她最温柔的感谢。作为母亲感谢她承受了我的不完美、感谢她教会我不负青春的勇敢追求。

前　言

围绕企业绩效提升进行培训内容体系建设，本丛书包括两册内容：《开发一门场景化课程》与《绘制关键岗位学习地图》，内容覆盖从组织的培训内容体系规划设计到后期的落地实施中的主要环节。为了落地性与实用性，这套书经过多个相关项目、产品、公开课、沙龙等，历时三年的打磨与迭代，直到2023年才得以出版，只是希望不留太多遗憾，无论是否能提供正向的参考价值引发思考，为培训事业的前进提供一份可剖析的文字资料也是好的。

为什么要编写这套丛书

为什么要编写这套丛书呢？我常年为大型组织提供培训内容体系建设工作，发现一个非常尴尬的痛点问题：很多组织为员工绘制了人才发展的学习地图，但在后期却落不了地，因为各种原因，绘制完的学习地图被"拧巴"地推进，有的不了了之，有的被束之高阁。

问题出在哪里呢？是企业没有重视吗？是培训负责人没有担当吗？从笔者的角度看，以上都不是。为重点人群绘制学习地图只是开始，后期还要整合培训资源、设计学习项目甚至需要自行开发培训课程并实施培训再评估效果，是一项闭环的且环环相扣的工作。每个环节执行不到位都会影响到学习地图的落地效果，因此，把失败原因归咎到"绘制学习地图"这一个环节是不精准的，也是不公平的。

搭建企业人才培养内容体系大致有三个阶段，分别是人才发展规划、整合培训资源、输出培训内容，这三个阶段的工作即是一个整体又有接力完成的关系。一般来说，企业人才培训体系建设是一个包含内外调节因素的闭环系统。

阶段1：人才发展规划

这个阶段是为组织中的重点人群，比如关键岗位序列，或某一个群体例如核心管理层、后备干部、新入职员工，或整个组织、集团，绘制完整的学习地图，为这些群体指明人才成长路径、设计学习项目。规划设计阶段是非常重要的，它为企业人才培养设定了目标、指明了方向。

阶段2：整合培训资源

根据"人才发展规划"阶段的目标整合内外部的培训资源，首先从第三方，比如供应商以及标杆企业获得标准的且经过验证的培训资源，然后提炼内部优秀员工的工作经验转化为组织经验，作为"独有"的培训资源。其中，内部的知识沉淀是企业文化传承的必须动作，往往也是组织立足于市场的"护城河"。

阶段3：输出培训内容

这个阶段是延续"整合培训资源"，将内外部培训资源输出转化为"可学"和"可用"的培训与学习的资料，比如用于员工培训的精品课程、经典案例，比如辅助员工工作的岗位手册、标准流程、工作规范等工具。

培训负责人很难把控学习地图从绘制到落地实施的完整流程。承担以上工作的第一责任人通常是组织中的培训负责人，他们在实际工作中承担着成千上万甚至数十万员工的培养任务，很难凭一己之力完成三个阶段的全部工作，因此需要组织撬动更多的人参与进来一起完成，比如培训机构、

| 前 言 |

培训专家，但在每个阶段这些机构与专家理论依据不同、目标不一致、成果标准也不统一，因此这个"接力赛"跑了一圈下来，发现有的跑错了赛道，有的甚至搁浅，也就在意料之中了。

基于以上原因，笔者希望通过多年工作经验的积累，特别是百余家大型组织已经被验证过的行之有效的理论、路径、方法、工具以及大量的经典案例，包括已经触碰的"雷区"以及踩过的"坑"，一并分享给培训行业的同仁。特别强调几点：

- 第一点：作为整体综合考虑。"绘制学习地图"只是人才培训内容体系建设的一个环节，不是独立的，必须综合考虑后期所有环节的落地性并且体现到规划设计中的相应细节才能保障落地性与有效性。
- 第二点：有钱花在刀刃上。将精力和时间集中到重点人群上，以组织中的"关键岗位序列"为焦点绘制人才发展学习地图，掌握了一个关键岗位序列的路径与方法，可以复制并覆盖到多个关键岗位序列、职能岗位序列，甚至组织中的全体。
- 第三点：练好基本功。如果把搭建组织的培训内容体系建设作为一个宏观的"大工程"，那么开发一门课程、一个案例，甚至是一门小微课都是不可或缺的最基本的工作，尤其需要掌握一个知识点、一个技能点的萃取与描述，练好扎实的基本功才能保障"大工程"的整体质量。

两本书的关系

为什么要编写两本书，这两本书有什么关系？

搭建企业人才培养内容体系大致有三个阶段，分别是人才发展规划、整合培训资源、输出培训内容。

- 第一个阶段"人才发展规划"的重点工作是为目标员工绘制学习地图、第二个阶段"整合培训资源"的主要工作是整合内外部的培训资源，特别是提炼萃取组织内部优秀员工的工作经验，基于以上这两个阶段编写了《绘制关键岗位学习地图》一书。

✓ 第三个阶段"输出培训内容"的重点工作是开发培训用的课程、案例，以及辅助工作的岗位手册、标准流程等，其中重中之重是开发课程与案例。基于该阶段的目标编制了《开发一门场景化课程》一书。该书的主要内容包括两部分：一部分是介绍课程开发的基本流程：课程选题、内容萃取、教学设计、编写脚本；第二部分根据3～5分钟的小微课、45分钟时长的大课程以及案例的特征进行针对性的要点讲解。

这两本图书在目标以及内容上边界清晰，相互独立，作为系列丛书对组织的培训内容体系建设提供了整体的解决方案与实施意见。

李锦（阿文）

2023年3月

目 录

第一部分　知识铺垫

第一章　E-learning时代，企业培训内容建设怎么玩 003
第二章　课程开发模型：题取套现一拖三 015

第二部分　课程开发的基本流程

第一章　题：课程选题"新痛典" 023
　第一节　选题"新"——新情境 026
　第二节　选题"痛"——痛点问题 031
　第三节　选题"典"——典型工作场景 033
　第四节　选题判断工具 037

第二章　取：内容萃取干货满 041
　第一节　萃取套路1：基于问题解决的萃取法 042
　第二节　萃取套路2：基于场景折解KSA萃取法 046

第三章　套：教学设计套路选 082
　第一节　金字塔：规划课程框架 084
　第二节　按步走：填写课程内容 106
　第三节　燃课堂：增加课程记忆 142

第四节 教学设计模板 ... 153
第四章 现：课程呈现脚本编 ... 155
  第一节 脚本结构必记清 ... 157
  第二节 重点内容要强调 ... 165
  第三节 界面设计需美观 ... 169

第三部分 典型课程设计

第一章 金币微课：企业微课设计关键点 ... 183
  第一节 微课"一个维度"原则 ... 184
  第二节 系列微课体系规划 ... 194
第二章 钻石大课：大课改造三步走 ... 198
  第一节 拆框架 辨知识 ... 201
  第二节 提干货 描场景 ... 204
  第三节 微处理 搭结构 ... 208
第三章 珍珠案例："开蚌取珠" 案例设计 ... 216
  第一节 "选蚌" 案例选取有标准 ... 217
  第二节 "开蚌" 案例萃取一招鲜 ... 220
  第三节 "取珍珠" 案例应用要落地 ... 224

参考文献 ... 228
后　记 ... 229

第一部分

知识铺垫

第一章
E-learning时代，企业培训内容建设怎么玩

小美被拒绝

HR小美：人都到齐了吧？大家好！今年的课程开发任务已经规划好了，请各位大咖来认领吧。

销售大金：小美啊，上次外聘专家给"销冠们"做的案例课开发培训就半天时间，也太紧张了，"销冠们"说根本就没掌握。怎么认领新的课程开发任务啊？

生产大壮：大金，你们销售部个个伶牙俐齿，不用学都会讲课。我们生产线上的伙计全是大茶壶煮饺子，干活儿一门儿灵，讲课啊，没长那张好嘴呀。

技术老研：求人不如求己，我们研发部一向是自己的课程自己讲，时间呀、内容呀都蛮好安排地。不过小美呀，今年是不是能少给我安排一点授课任务，天天加班，我家媳妇都说要把我的铺盖卷快递到公司啦。

> 阿文老师
>
> 你们放过小美吧。随着集团事业快速发展，企业文化和组织经验沉淀已是重要软资源建设内容，企业私有课程开发工作已迫在眉睫。这样吧，今年的培训换个新玩法，咱们用"快捷课程开发法"开发面授和线上两用课程，只需一次开发，就能让更多小伙伴儿在今后的学习中受益无穷。

上面这段对话经常发生在哪个场景中？

以上这段对话是企业培训部门在开展内训工作时，特别是进行自有课程体系建设时，经常发生的一个场景。企业的自有课程体系建设任务通常会落到内训讲师身上。而内训讲师往往又是各自岗位上不可替代的业务骨干、技术精英，他们经常会处于本岗工作、新课开发、面授讲解等多个任务同时并举的局面，所以他们会面临着多种困难。

内部业务专家是解决企业培训新需求的金钥匙

当今中国，在物质产品逐渐趋向于极大丰富的同时，知识也呈现出爆炸式增长的形态。科学技术迅猛发展，知识更替日新月异，终身学习已是生活常态。企业发展面临的资源竞争、市场竞争、产品竞争、技术竞争、人才竞争的背后都是知识竞争。谁占有更多的信息渠道和更多的知识资源谁就有更大的成功机会，不管是企业还是个人。

为适应知识时代的到来，不论是企业还是个人都必定会将再学习摆放到十分重要的位置，并赋予其历史使命。

企业培训有了新的需求。一方面企业发展已将职业培训变成企业经营活动的重要内容之一，另一方面职场人士对成长的渴求日益凸显，这些变化对企业培训提出了新要求。

在线学习解决了时空限制。当代，学习几乎成为每一个群体发展和个体成长必不可少的动力，由于线下面授培训受到时间、空间多方面的影响，借助互联网的在线学习形式解决了时空问题，学习者能自主安排学习时间，大大提升了学习效率。

培养企业内训讲师掌握课程开发技能。事实上，内部业务专家对企业文化、公司政策、产品知识更为熟悉和了解，由内部业务专家引导梳理优秀员工岗位经验也更为高效实用。但是，能够自身熟练掌握和能够有效传授他人并不是划等号的。就像生产大壮说的那样："我们生产线上的伙计全是大茶壶煮饺子，干活儿一门儿灵，讲课啊，没长那张好嘴呀。"其实，并不完全是没长讲课那张好嘴，而是缺少专门的课程开发设计与讲授方法训练。因此，培养企业内训讲师、优秀骨干员工、行业业务专家掌握课程设计和开发方法，乃至能快速做出传播知识、技能的视频课程，成为解决 E-learning 时代企业培训新需求的金钥匙。

1.传统企业培训组织形式

用一句话描述传统培训

传统的企业培训多是面授形式，特点是参训人员可以在培训场地，由授课讲师现场授课。

传统的培训形式有什么优势？

优势1：讲师能够在授课过程中随时观察参训人员的学习状况，比如紧蹙的眉头、疑惑的眼神，并据此及时调整讲解内容、重难点、讲授方法和进度。

优势2：可以实施多种灵活的教学形式，比如：问答、对话、小组讨论、情景模拟、现场教学、实操练习和实战演练等。

优势3：可以随时和学员交流，解答学员随机提出的各种各样的问题。

优势4：可以使用多种辅助工具增强教学效果，比如：模型、教具、辅助教学资料、视频、PPT等。

优势5：充分展示教师的个人魅力，发挥教师的教学技巧。

传统培训中企业内训讲师需要是复合型人才

企业培训中，有一部分能够借助外部讲师资源实施的，比如通用的管理课程，比如沟通表达等通用素质课程，这些通用的内容有第三方的资源，是比较容易实现并且有质量保障的。还有一部分属于企业内部专属的某个领域、某个业务线的专业经验，需要既有相应的工作经验，又具备课程开发能力，还要具备课堂呈现能力的内训讲师承担，这部分内训工作的开展很大程度上依赖于个体的能力。内训讲师能否提炼萃取出有价值的工作经验，再开发为实用的课程，并且有效地实施教学，在整个过程中经常遇到各种挑战，比如货真价实的工作经验、时间精力受限、工作变动、缺少工具方法、缺少质量评估等。

在整个过程中经常遇到各种挑战，比如货真价实的工作经验、时间和精力有限、本人工作变动、缺少课程开发工具和方法、缺少质量评估标准等。

传统培训形式有三个难以突破的问题

问题1：优秀课程不能完全沉淀并固化成属于企业的软资源。优秀的、特别是现场讲解和呈现能力较强的讲师，往往不完全依赖于讲师手册及PPT演示文稿，优秀的内容更多会存在于讲师的大脑中，通常会忽视标准的课程开发，导致优秀的工作经验和课程不能完全沉淀下来固化成组织的软资源，不能让组织内更多的讲师达到相同的培训水准。

问题2：某种程度上会脱离培训目标。如果没有规范的课程设计，一旦讲台交给讲师，在教学过程中，有时就会发生因外部或内部各种因素导致教学内容脱离培训目标的情况。而且有的课程也没有预先设定教学效果评价标准和方法。

问题3：培训内容缺少体系化建设。传统的面授培训课程或依据外部讲师擅长领域，或根据企业业务难题"哪里出问题补哪里"进行培训，培训整体系缺少系统的规划与设计。培训内容缺少有计划的积累和迭代更新。

2. E-learning时代企业培训内容建设新要求

在线学习课程在很多学习场景下都能应用

E-learning平台下的企业培训。随着互联网时代的到来，企业管理信息系统已经成为企业管理体系的标配，其中的一个非常重要的子系统就是企业在线学习平台（E-learning）。在线培训逐渐被越来越多的企业所运用。比如：

- ✓ 传统的线下面授课程被转化为讲师出镜讲解的线上直播课、录播课，或者将现场录制的面授课程放到在线学习平台上。
- ✓ 建成具有交互功能的学习系统，承载授课、答疑、师生交互、学习群组活动，习题、练习和考试等诸多学习组织元素。
- ✓ 运用多媒体在线课程开发工具，制作出诸如动画、视频、长图文等多种形式的在线课程。

学习方式也可以根据培训要求进行灵活的组织，形成了线下集中面授和在线课程学习相结合的培训方式。比如：

- ✓ 线上自主学习：将课程上传到E-learning学习平台，作为必修课或选修课，供学习者自主学习、自测或参加获取学分及取证的线上考试。

✓ 线上辅助教学：将线上课程作为线下面授课程的辅助材料，或作为学习者在正式学习前自主补充的学习素材。

✓ 线上线下混合学习：运用翻转课堂的学习形式，学员先在线上自学（或者有教师在线辅导）课程相关知识；然后带着问题或者作业在线下由教师指导学员进行课程内容的深入研讨、案例分析、经验分享、实战演练等体验式、实践性学习。

E-learning 时代对企业培训内容建设提出了新要求

要求1：沉淀优秀经验、创建自有课程。

构成企业培训体系的课程主要有两种类型。一类是外购或者是委托第三方开发的通用课程；另一类是企业职工（主要是内训讲师）自己开发的自有课程，它是企业生产、科研、经营各个领域创造力的体现，是企业的自有知识产权，是企业软实力（企业文化、企业生态）的凝练，是最具生命力价值的实战经验沉淀。开发企业自有课程的目的之一，就是固化企业的软资源，并实现快速传承、推广的作用，以满足不同层次员工自主提升业务能力的需求，为企业降本增效服务。

要求2：内容开发流程规范化。

传统的面授形式的培训，讲义、PPT一般是由讲师自己编写的，在实际授课中往往不完全依赖于讲师手册及PPT演示文稿，有很大的自由发挥空间。而在线课程则必须考虑到多媒体技术手段的特点，教师面授与学员线上自学的区别，团队协作的课程开发方式和个人讲义编写的区别。必须考虑到学员是在完全没有教师指导的情景下学习和理解课程内容的。因此，线上课程的内容必须是完整意义上的课程，既包含讲义的内容，也包含教师讲解说明的内容，不允许有临场发挥的成分存在。因此，就必须有一套科学规范的课程开发方法。无论是内训讲师、业务专家还是优秀员工，按照这套方法沉淀有价值的工作经验，保证课程的有效性、科学性，以达到学以致用、批量复制人才的目的。

E-learning时代企业课程的新特点

特点1：私有性。

更注重适合企业个性化内容，萃取企业岗位优秀经验，沉淀本企业文化，普及本企业政策。

特点2：及时性。

更关注目前需要的知识和技能，萃取新经验传播新技术，在互联网信息快速更迭的背景下，快人一步，根据新技术设计新课程，迭代新知识。

特点3：有效性。

学以致用，以效果论质量。各层次的员工"各取所需"，打破时间空间约束，学习时间和场景灵活，可以自主选择学习内容，反复学习直至能够掌握知识和应用技能。

特点4：易学性。

不追求复杂的公式推导，深奥的原理阐述，就要简单有效的方法、过程、经验、教训。

如果你是学习者，你认为好课程的标准是什么？

诺贝尔奖获得者丹尼尔·卡尼曼的《思考快与慢》一书提出，学习者的大脑是"懒惰的"，都希望不浪费太多的精力就能获得新知识，所以从学习者角度出发，更需要好理解、学得会、愿意学的课程。

标准1：好理解。

在互联网时代信息易获取的背景下，好课程能够通过生动有趣、通俗易懂的方法深入浅出地阐述知识，促使员工更准确、更快速地理解。

标准2：学得会。

在企业培训内容强调有效性背景下，好课程的内容有办法使学习者把学到的内容内化融入进自己的知识体系，从而促使知识转化为行为。

标准3：愿意学。

在E-learning平台学习背景下，更强调学习者主动学习的意愿，好课程能够吸引学习者的兴趣，促使其主动学习。

为了少走弯路，提前了解E-learning时代企业培训课程开发趋势

系统化设计，碎片化学习。在移动互联网时代，碎片化学习成为新常态，但如何用碎片化的学习解决系统化的问题，这就需要企业管理人员和内训讲师对学习项目进行系统化规划与设计了。

"独成珍珠，串成项链"。既要满足碎片化学习时间，又要保障系统化开发的规划，这真是个难题了。微课程解决了碎片化学习时间上的要求，如果这些微课程在内在联系上又能形成一个完整的学习体系是不是就能满足以上要求了。笔者通过大量的课程开发工作，在实际的产品及项目中尝试将这个理念落地，事实证明"独成珍珠，串成项链"是可操作的并且学习效果也是有充分的保障。特别说明的是，在这里微课程不是严格意义上的三到八分钟，微课程更代表了一个课程开发的理念，从时间上来说可能三五分钟，也可能十来分钟，甚至是二十分钟或半个小时，无论时间长短

它更强调在短时间内解决一个问题，把一个知识点讲解透彻。

在这里分享两个"独成珍珠，串成项链"的案例。

案例　10节职场精英女性必修课——让你做自己的女王

> **案例分享**
>
> **10节职场精英女性必修课——让你做自己的女王**
>
> 1.一切从设计开始，找到唯一属于你的
> 2.腹有诗书气自华，内外兼修——这些书你必须看
> 3.如何测试肤色冷暖
> 4.避开妆容雷区，为自己寻找加分项
> 5.衣柜中必备的基本款有哪些
> 6.选一双合适的鞋子
> 7.什么样的包包搭配让你的形象更得体
> 8.哪款手表更适合职场
> 9.用对配饰锦上添花
> 10.独特的香水，拥有别样魅力

案例分析：

这套课程从课程名称上就能体现出是针对职场精英女性开发的一套必修课，在课程设计上要达到"系统化设计、碎片化学习"的要求，每一门微课程都是一个独立的知识点，比如"选鞋子""搭配包包""用对配饰"等。这种知识点独立、主题鲜明的课程很讨喜，是非常适合碎片化学习要求的。几门独立的微课程组合在一起又实现了系统化的设计，累积碎片化学习获得的是一套完整的课程包，让职场女性获得了方方面面的职场知识与技能所形成的知识体系。

比较有特点的是，第1课就像是把珍珠串成项链的"线"，它教给人们从整体的视角看问题，而不是盯住一些孤立的点，体现了"从整体着

眼，从局部着手"系统化设计思想。第2课则指出了装饰其表尽管重要，但是还远不能到达"做成自己的女王"的目标，关键是要内外兼修。但是显然"内修身心"又不是这套为初学者而开发的入门级课程的重点，因此在这门课中，只给出了如何提升自己的建议。第11课则为有意愿进一步提升自己的女性打开了一扇通往更加绚丽世界的大门，把更高层级的进阶课程推介给她们，不失为一种很好的引导读者形式。至此，形成了一个阶梯式上升的学习环境，产生极强的系统性建构效果。

案例　拥抱"新生代"引发的不确定性

案例分享

拥抱"新生代"引发的不确定性

（第一部分　与"新生代"和谐相处）
1. 如何与"新生代"相处
2. "新生代"领导的三个段位
3. 四组数据解读"新生代"对未来的影响

（第二部分　知己知彼，了解代际差异）
4. 淡定的00后
5. 任性的90后
6. 纠结的80后
7. 闷骚的70后

（第三部分　用区分法拉近与新生代的距离）
8. 用区分法拉近与"新生代"价值观上的差异

案例分析：

这套课程是介绍如何管理职场中越来越多的年轻人。其中每一门小课程都有自己独立的课程目标，短小精悍的同时又保障了知识的完整性。

三三两两的小课程又分别形成了一个独立的知识模块。比如"淡定的00后""任性的90后""纠结的80后""闷骚的70后",这四门小课程正好形成一个模块的闭环,这个模块就是"知己知彼,了解代际差异"。

三个知识模块"与'新生代'和谐相处""知己知彼,了解代际差异""用区分法拉进与新生代的距离"最终有机地组合成一个完整的课程包。

通过以上两个案例,不难看出在E-learning时代下很多成熟的企业培训课程已经逐步向碎片化学习、微课化呈现,系统化设计的方向发展。所以如果你是企业培训负责人或者内训课程开发讲师,了解课程开发的趋势,提前做准备,少走弯路,岂不是一件很愉快的事情。

3.在线学习课程误区

点破误区

误区:E-learning平台上的课程就是把面授课程录制后搬到网络上

有一些刚刚步入培训领域的小伙伴认为,在讲师线下面授讲课时进行现场录像,然后上传到在线学习平台就万事大吉了。这种想法要当心!面授课程通常以45分钟为一课时,一个培训模块少则半天时间,多则一两周才能完成,如果把这种原始的课程录播原封不动地搬到在线学习平台上是满足不了学习要求的。

一方面,连续学习时间得不到保证。学习者在线学习课程时,很难保证能有且能集中精力用和课程时长相匹配的时间来学习。最大的可能是，断断续续地学习，于是形成了完整内容碎片化学习。

另一方面，在没有团队学习氛围，缺少教师现场指导的情境下，学习者对"大块头"课程的学习兴趣和学习自觉性会大大降低。这会导致学习效率和效果都会大打折扣。

根据一项研究成果，成人在独自状态下的精力集中时间只有20分钟，有的甚至只能持续8分钟。因此，独成珍珠、串成项链式的课程组织形式则实现了完整课程系列的单元小型化，既每一个独立的课程单元都足够小，既可以实现系统化的内容体系，又满足碎片时间的充分利用，还尽量避免了学习者的厌倦情绪。

第二章 课程开发模型：题取套现一拖三

在体系化培训内容建设中，最基本的动作是什么？

通过对传统培训组织形式和E-learning时代下企业培训内容建设的新需要的分析，不难得出如果规划体系化的培训内容，并且做到碎片化学习、系统化设计的目标，其中最基本也是最关键的一个动作就是开发好一门课程。打一个比方，无论是想串成一条珍珠项链，还是一串珍珠手链，或者制作一对珍珠耳环，首当其冲的是要有一颗哪里都用得上的"珍珠"。我们把这个珍珠比喻成内容体系建设中最基本的单元，也就是"一门课程"。

那这"一门课程"是什么样的呢？在企业培训中，最常见到的课程形式会有几种，比如3～8分钟时长，知识点独立、短小精悍的"微课程"；45分钟时长的"大课"，这两种课程形式简单地能从时长上进行区分。还有一种课程形式尤其受欢迎，那就是既容易获得课程内容又有很好的培训效果的案例课程。无论哪种课程形式，从课程选题、内容萃取，以及教学设计和课程呈现的流程上都是相通的。

1. 课程开发模型及理论依据

依据教学理论，在巨人的肩膀上起舞

本书给出的这套课程开发模型试图为企业内训讲师、优秀员工、骨干业务、企业管理人员提供一个敏捷、易用的课程开发框架。依据加涅"为学习设

计"的教学系统设计理论，综合了ADDIE模型等主流课程开发法，简化过程性文件输出要求，在巨人肩膀上，结合E-learning时代特征，总结笔者多年从事自主课程开发和开展课程开发培训实的践经验，开发了具有广泛适用性的"题取套现一拖三"课程开发模型，力求做到深入浅出地阐述清楚课程开发流程，让人人都懂课程开发，人人都能开发课程。"题取套现一拖三"的课程开发模型是每个模块尤其重视"原理"的阐述，因为了解了原理才能具备知识的迁移能力，把课程开发的基本理论迁移到各个行业中去，应用到更多的培训场景。

课程开发模型"题取套现一拖三"

使用课程开发模型的最核心目的，就是通过大量的案例介绍课程开发的基本流程，并在此基础上将几种主流类型课程包括微课、大课、案例的特殊要求总结归纳出来，为更多的从业人员提供一套通用的课程开发模板。

引入工程设计思想，将课程开发过程分为"题——课程选题""取——内容萃取""套——教学设计""现——课程呈现"四个步骤，从而达到选题准确、内容精炼、设计合理、成果落地的课程开发目标。并从企业通常采用的微课、大课、案例课各自的特殊性出发，对开发要点进行了专门化、工具化的针对性呈现。这就是所谓"题取套现一拖三"的课程开发模型。（如图1-1所示）

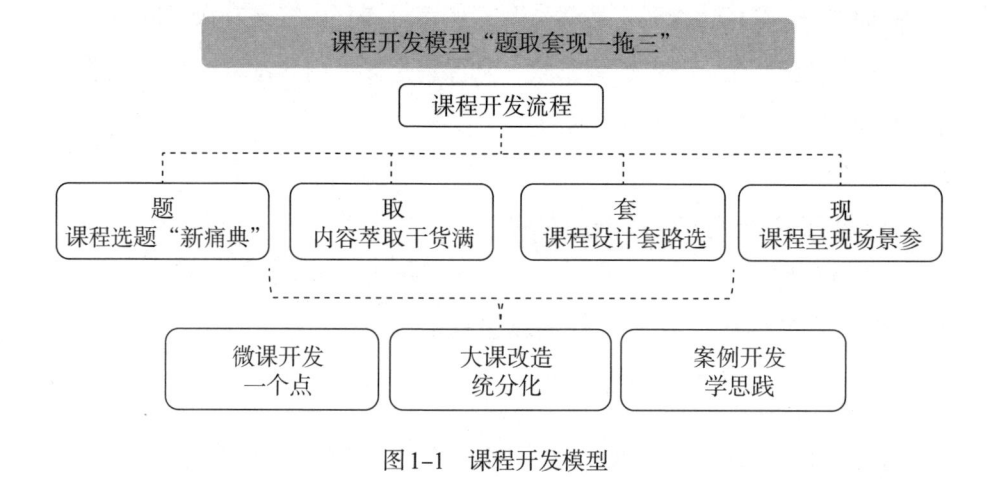

图1-1 课程开发模型

2.课程开发模型四个特色

我们到了一个旅游景区,总要找一些地方特色的美食尝一尝,比如到了呼伦贝尔,特色美食是蘸野生韭菜花的手把羊肉,到了新疆,特色美食是用红柳枝串成串儿的烤羊肉串。同样是羊肉,地方特色制作方法是不同的,美丽的景色再加上有特色的食物更容易被记住。同理,在众多课程开发的学习资料中,课程开发模型需要有特色,才能引起大家的兴趣。

"题取套现一拖三"课程开发模型的四个特色

特色1:课程开发场景化

课程开发场景化让培训内容更有效。本模型基于业务场景开发课程,强调学以致用,基于实际工作场景开发的课程,更容易帮助员工解决实际的业务难题,从而快速地提升工作绩效。

特色2:开发步骤流程化

开发流程化,实施更省心。将课程开发划分为四个流程,即课程选题、内容萃取、教学设计和课程呈现,每个流程有标准的开发动作以及清晰的产出成果,开发过程中只要"按图索骥"跟着流程走,就可以轻松地完成课程开发任务。

特色3:角色形象趣味化

专属的动漫形象,让课程开发工作不枯燥。为各序列典型的员工代表设计了专属的动漫形象,比如代表培训部门负责人的"HR小美"因为培训工作不好推进而伤心,代表销售与售后人员的"大金"因为成交了大单而开心，代表生产一线的"生产大壮"因为遇到安全故障而难过，代表科技研发的"技术老研"因为一项新技术的共享而愉快，还有为课程开发提供保姆式咨询服务的"阿文老师"及时总结种种经验，通过这些角色的对话，真实还原了课程开发的过程，带着问题学习的同时增加了趣味性。

用工具，学案例，简化课程开发难度。模型中提供了各个开发步骤的工具从而简化工作量，并为工具提供了使用方法和相应的案例，让学习者不需要了解高深的理论涵义也能"照猫画虎"地开发课程，打通"学—会—用"三个关键环节，使课程开发模型更有效、更实用。

员工代表闪亮登场

HR小美：我是小美，在企业人力资源部负责培训工作，我爱这份工作。

销售大金：我是大金，是公司的金牌销售，握有"大单"销售秘籍。

生产大壮：我是大壮，是生产一线的业务骨干，有丰富的实践经验。

技术老研：我是老研，承担着科技研发的艰巨任务，脑子里都是"干货"。

阿文老师：我是阿文老师，协助小美为企业的业务骨干们提供课程开发的保姆式咨询服务。

特色4：模型模块化

模型模块化，组合更多样。根据企业不同需求，将"微课开发""大课开发""案例开发"设计为三个可以自由组合拼接的模块，在掌握课程开发流程基础上，根据企业课程建设需求，结合模块关键要点进行开发设计，做到一次学习就能掌握三种课程开发的方法，达到事半功倍的效果。

3.企业课程开发配套资源

在这本书的基础上开发了配套资源，包括视频课程、讲师手册、学习者手册、配套工具包、案例包，希望有机会全方位地为企业培训负责人及课程开发任务的内训讲师和相应的从业人员提供更多有效的帮助。

（1）视频课程包——随时看

将整本书录制成了一系列的在线课程包，这个系列的课程包同样遵循系统化设计、微课化呈现、碎片化学习的宗旨，无论是在线学习还是混合式教学，各种教学场景都能用得上。

（2）讲师手册——可挪用

如果你是一名企业的内训讲师，恰巧又承担了课程开发的转训工作，那么这一份包含了讲解内容以及授课方法的讲师手册，是降低转训工作不可或缺的工具，助力了课程开发模型的复制与传播。

（3）学习者手册——方便学

无论是面授培训还是在线学习，有一份流程完整、要点翔实、引发思考的学习者手册，让学习者了解课程开发的授课内容，同时可以在上面做笔记、记录学习心得，以方便课后查阅和复习。

（4）配套工具包——直接使

将课程开发流程中的工具、模板罗列出来，方便讲师结合讲师手册一并进行使用，更重要的是学习者可以直接使用工具、模板来开发课程。

（5）案例包——做参考

无论是好的案例还是糟糕的反面案例都是学习的重要参考资料。将课程开发中优秀案例以及失败案例罗列出来，提供给学习者，让案例现身说法以达到更优秀的学习效果。

了解了课程开发模型与特色后，接下来就进入本书的主体内容介绍：分别是"课程选题""内容萃取""教学设计""课程呈现"与"微课""大课""案例"。

第二部分

课程开发的基本流程

第一章　题：课程选题"新痛典"

☕ 美丽的心情

HR小美：说到选题，我可是有深刻的体会。就拿办理入职手续这项工作来说，每入职一位新员工，我就要解释一遍，即便不停地解释依然有小伙伴不知道怎么办理。这次我就开发一门"入职标准流程"作为新员工的培训课程。想到这个选题会免去很多重复的工作，我的心情很美丽啊。

销售大金：受小美的启发，我也想到一个选题。最近公司研发了一款新产品，我要赶快把新产品的卖点和话术整理成一门培训课程，让销售团队里的兄弟们在上下班途中听听。嘿嘿，这个季度的业绩就不愁完不成喽。

生产大壮：作为生产一线的技术牛人，在工作期间总被车间的小伙伴们"打扰"，总有问不完的操作难题，我是不是也可以从培训课程的选题上想想解决办法呢？

技术老研：你们的想法都很好，我也面临同样的问题。阿文老师，在培训内容的选题环节是否有窍门分享给我们啊？

> 阿文老师：了解了大家的想法，我来总结一下，是不是工作中总会被问一些特别基础的知识和信息？或者总要反复介绍相同的流程或技巧？这两个方向恰好是选题的重要切入点。为了让课程开发更有针对性，在这一章节中为大家提供几个选题方向。

说到课程选题不得不提起真实的工作环境，因为企业培训就是为了解决实际的工作问题，所以接下来我们分析一下与工作息息相关的工作任务与工作场景。

课程选对题，首先要了解工作任务

企业中每个岗位（职位）的背后都有它的岗位职责，有的岗位职责体现在标准的工作流程中，有的岗位职责体现在具体的业务目标与关键任务中，可以从两个方面获得岗位的工作任务。

来源一：依据工作流程获得工作任务。以销售岗位为例，简单的销售流程可以分成四个步骤：第一步获得潜在客户，第二步与客户建立信任，第三步获取客户需求，第四步承诺与成交。有了标准的工作流程，根据工作步骤就很容易获得工作任务了。

来源二：拆解工作目标获得工作任务。仍然以销售岗位为例，比如今年的工作目标是提升30%的销售业绩。拆解这个工作目标后可以获得具有代表性的、典型的关键任务，比如"了解核心产品的卖点和话术""进行竞品分析""客户管理""销售目标增长的最大挑战和问题"，以上这些都是从业务目标拆解得来的，这些工作任务更具有培训学习的价值。

很多岗位职责拆分到工作任务层级就已经不复杂了，一个任务只有一个工作场景，因此没必要再向下拆分了，而是在工作任务这一层级确定一个工作场景作为课程选题。

为什么要关注工作场景？

很多复杂的工作任务需要细分为不同的工作场景。工作场景通常由动作、对象、发生的时机与发生的地点四个要素组成。以"客户管理"这个工作任务为例，就可以细分为"做好成交客户分析""做好战败客户分析"和"应对客户投诉"等几个不同的工作场景。不同的工作场景定义了相应的工作边界，场景下的关键动作和挑战情景明显不同，工作成果以及评价标准也不相同。

在许多传统的课程中，知识多是经过提炼、总结、归纳出来的条理清晰的"抽象能力"。如果把"抽象能力"形成的课程提供给学习者，那么他很难将"抽象能力"与"工作情景"结合起来，即很难用理论指导实践。在学习者没有掌握"抽象能力"之前，使用其熟悉的"工作情景"作为知识载体，既从实践入手，能够大大降低知识的学习难度，降低知识运用于实践的门槛。等学习者领悟新知识后，再逐渐把"工作情景"中掌握的解决问题的具体能力提炼、总结、归纳、升华成"抽象能力"。

基于工作场景开发课程

无论是一个工作任务包含一个工作场景，还是一个工作任务包含多个工作场景，最终是在工作场景中还原了最真实的工作环境，让课程有了坚实的立足点。依托工作场景收集的问题更系统、更聚焦、更有针对性。场景越明确，对应的学习目标和学习内容也就越清晰，所以基于工作场景组织教学内容，要从课程选题开始。

接下来，我们就从工作场景出发，进入课程的选题环节。（如图2-1所示）

开发一门场景化课程

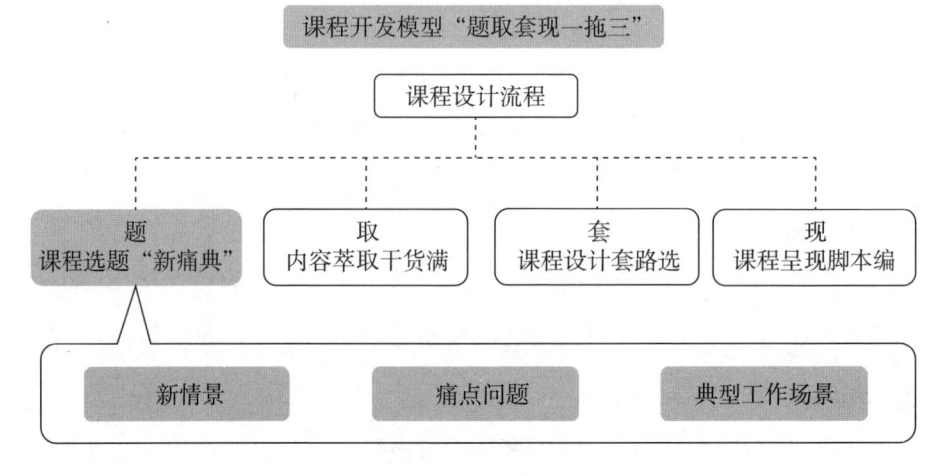

```
         课程开发模型"题取套现一拖三"
                    │
              ┌─────┴─────┐
              │ 课程设计流程 │
              └─────┬─────┘
    ┌──────────┬────┴────┬──────────┐
    │          │         │          │
   题         取        套         现
课程选题    内容萃取    课程设计    课程呈现
 "新痛典"    干货满     套路选     脚本编

┌─────────┬──────────┬──────────┐
│  新情景  │  痛点问题  │ 典型工作场景│
└─────────┴──────────┴──────────┘
```

图 2-1　课程选题

第一节　选题"新"——新情境

新生力量闪亮登场

在课程选题中有一个特别值得关注的方向，集中在"新"字上。作为企业与组织在经营过程中需要不断的发展与进步，推陈出新是永恒的主题。有一句话说得好"永远不变的是'变化'"。面对变化，我们不但要抱以积极的心态，更有责任和义务将企业的新产品、新政策、新技术推广开来。作为企业培训人最有效的做法就是结合相应的工作场景，开发出与之对应的课程供企业与组织内部员工学习，用"心"助"新"。

让新产品有卖点

对于新产品的推广离不开"新卖点"，举一个防盗门电子锁的例子。以往的防盗门都是需要用钥匙开锁，如果忘记带钥匙或者更糟糕的情况下把钥匙丢了会很麻烦，可能还需求助开锁公司。"防盗门电子锁"作为新产品，一个卖点就是"免去了丢钥匙的烦恼"，还有一个卖点"可以远程联网修改密码"，安全性更好。在推广时，把顾客作为你的培训对象，将新产品的介绍作为选题，将新卖点作为知识内容，科普的同时推广了新产品，这类选题怎么样？

我们看看接下来的案例有什么启发。

案例　新情景/新产品

新情景/新产品

HR小美： 对呀，咱们公司使用"钉钉"作为内部沟通工具就是一个很好的"新"的实例。之前，在公司用MSN、飞鸽传书、QQ作为内部沟通工具的时代，我就发现了"钉钉"的强大功能，于是就在公司内部推广使用"钉钉"，结果不但收效甚微，还遇到了不少难题。后来，我发现"钉钉"有一套专门用于产品推广的宣传视频和指导使用的操作教程，这解决了我的难题。这不就是人家为新产品开发的课程吗？

阿文老师： 是的，小美从用户的角度回忆起当年的钉钉软件，从开发者的角度，钉钉就是他们研发的新产品，宣传视频和操作教程就是他们为帮助用户认识和使用新产品开发的课程。

技术老研： 说到新产品，我们研发部一年可研发不少新产品呢。比如现在正在研发测试的智能机器人自动操作系统，这里面能讲的内容太多了，我不愁没选题啦。

> **阿文老师**：停！老严，这种想法有风险！虽然智能机器人自动操作系统是新产品，但是它还处于研发阶段，在接下来的工作中还有很多不确定性。企业培训更需要优秀的已经被验证的经验进行推广，在快速迭代的产品研发期间，我们能做的就是等待它的成熟。
>
> **技术老研**：我明白了，并且我们也没有盘点过哪些经验和教训值得推广，等新产品投入运行平稳后，我们再确定选题方向。

在新产品开发和试运行期间一定积累了很多有价值的经验和教训。把它们好好地记录下来，将来开发课程就很容易了。顺便给大家一点启示：优秀的内训讲师一定有一对随时发现问题的眼睛，一个不停探索的大脑和一支勤奋记录的笔。要知道，想到的东西不一定是你的，只有写下来的东西才是你的。这就是所谓把思想闪光"固化"成知识。

新产品的推广工作是企业与组织的头等大事，但在这里需要提醒大家，没有结论或者正在研发、测试的产品不建议作为课程开发的选题。

课程开发有一个基本的前提就是将已有的并且成熟的经验提炼萃取，将优秀的经验沉淀下来。在这里，经验包括成功的也包括失败的，只要有学习参考的意义就是有价值的。正在研发的产品很可能在试错、优化，换句话说就是，没有结论、正在探索的工作还不能被称为优秀的经验，所以不建议推广。

不仅是新产品，新技术在没有结论前也是一样，不适合作为课程的选题。

为新技术插上翅膀

新技术是国家发展、企业前行的助推器，只有不断的创新才能不落人后，所以推广的不仅是新技术更是先进的生产力。围绕"新技术"开发课程，让更多人知道并掌握新技术，让"新技术"长上翅膀飞得更高。接下来看看HR小美和生产大壮他们有什么好的"新技术"案例分享。

案例　新情景/新技术

新情景/新技术

HR小美：我先来分享一个案例，最近去超市购物结账时不再需要排长队了，因为越来越多的超市增加了自助结算设备，手机操作直接走人。目前还处于推广阶段，需要很多专职人员不停地向顾客演示并重复结算流程，为了避免这种低级的重复劳动，我建议超市开发一门"玩转移动支付流程，提升绩效不是梦"的课程，把步骤以及常见处理问题讲解清楚，在收银台附近借助电子屏幕循环播放。

阿文老师：小美的想法非常有道理，让培训课程电子化、线上化，做到一次开发多次使用，同时线下组织实操辅导，这时候顾客是学习者、收银员变身为培训教练现场指导。

技术老研：我来分享一个激动人心的案例。在建筑施工中，特别是地铁、隧道等施工现场，需要挖洞功能的盾构机。从前我国不但需要从德国进口设备，还要高薪聘请老外来操作与维修，受制于人，苦不堪言。现在我们打破了技术壁垒、自主研发成功。不但满足国内需求，还要走出亚洲，遍及全球。我们急需开发一门课程，让建筑行业更多的伙伴知道这项新技术。

> **生产大壮**：我也分享一个因新技术在建筑行业降本增效的案例。在盖楼房时有一个必不可少的动作就是对房间内的边梁进行加固，方法很多，但总的缺点就是费工费时。我们团队中的"大葱"兄弟脑瓜儿好使，发明了一个方法节省50%的时间成本。可别小瞧这50%，一个房间有多个边梁？一幢楼房有多个房间？我们集团的业务不但覆盖国内还涉及很多其他国家，累计下来节约的成本可不得了。

真是小课程大作用啊，因为新技术降本增效，因为新技术走出国门，这些选题多棒啊。在企业中推广这样的新技术不但能够节约成本，而且带动了企业的正能量、好风气。

让新政策能落地

在国家、组织层面经常会根据发展计划、战略部署发布新政策、新措施，在企业的内容体系建设中是不可或缺的课程选题方向。

比如在2018年，北京市住房公积金管理中心发布了《关于调整住房公积金个人住房贷款政策的通知》（以下简称《通知》）。根据《通知》，北京公积金实行贷款额度有较大调整，这些新政策，牵动着无数刚需家庭的小心脏。北京一个房地产经纪公司迅速做出反应，开发了"别让公积金新政吓跑你的客户""公积金新政和梦中大客户一起来"等课程供内部小伙伴们学习，快速掌握新政策的同时保障了不断增长的业绩。

比如在《中国制造2025》政策背景下，推动制造业高质量发展成为制造企业的主旋律。如何推动企业高质量发展呢？以"提高各岗位创新能力"为主要任务，各个企业结合自己的业务线条在典型工作场景下积极探索创新发展，将成功经验开发为课程，还有一些企业以"创新高质量发展"作为课程大赛的主题进行全系统的策划活动。让新政策稳妥落地，助力企业与组织的业务发展。

第二节　选题"痛"——痛点问题

患者有病痛，医生有处方

在企业日常经营活动中总会有各种各样的业务痛点，比如销售人员会遇到关键客户流失的问题，生产一线人员会遇到设备故障导致停产停工的问题，在工作环境中经常会遇到用电/消防等不当操作导致无法保障安全生产的问题。

以上种种情况都属于工作中的业务痛点，各个岗位的业务专家拥有多年的经验积累，在这里新入职的小伙伴就好似生病的患者，而业务骨干/技术大咖更像手持处方的医生，最关键的是要帮助职场小白找到更多、更具代表性的业务痛点，把它们作为课程开发的选题罗列出来，然后提炼萃取针对"痛点"的知识、方法/措施等技能，让价值连城的经验复制推广开来。

接下来，我们分享一组有关痛点问题的选题案例。

案例　航空地服人员岗位"做好飞机延误的地面服务工作"

痛点问题

我来分享一个案例。我经常因为出差乘坐飞机。有一次，我从北京飞往鄂尔多斯，由于目的地下暴雪，飞机延误了十几个小时。面对二百多位情绪失控的乘客，作为地服人员的一位二十多岁的小姐姐明显没有了招架之力。这时候，地服队伍中走出一位四十来岁的姐姐，主动对乘客承认错误并承诺负责此事，然后她迅速地将乘客中意见最大、嗓门最高的意见领袖单独邀请到会议室进行洽谈，并且迅速组织老人和孩子到VIP休息区休息……一连串的动作一气呵成，真是让人佩服！如果开发一门"做好飞机延误的地面服务工作"想必会非常受年轻地服人员的欢迎。

对于地服人员这是一个非常经典的工作痛点。年纪轻、经验不足的地服小姐姐面对飞机延误导致的顾客情绪不满甚至失控的难题，地服中年大姐姐能够游刃有余的解决掉，真是小姐姐有痛、大姐姐有药啊。

案例　水务公司作业施工人员"有限空间安全作业"

痛点问题

我想起一件后怕的事情。上次我和一个愣头兄弟下水井作业，这兄弟腿脚倒是麻利，没等我做好准备他就下井了。由于井下是封闭空间，空气稀薄，作业空间又有限，不一会儿他就缺氧晕过去了。好在大壮我力气大，三下五除二把他拎上了地面。这倒是提醒了我，因为狭窄有限空间内环境复杂，空气不流通，甚至存在有毒有害气体，极易出现中毒、窒息和爆炸事故，这可是我们工作的痛中之痛呀！得开发一门课程给新入队的兄弟们学习了。

一旦发生安全事故，后果不堪设想，企业都必须重视安全生产。希望大壮早行动起来，开发"有限空间安全作业"的相关课题。

案例　物理研究院科研人员"电缆尺寸测量"

痛点问题

唉，别提了！有一次我们研究院做一个很重要的实验，需要从乙方供应商那里采购一批电缆。验收时，却发现每一根电缆都有一毫米的误差，因为不合格只能原路退回。这批电缆给乙方造成的损失有一百多万元，供应商很委屈。可是他不知道因为没有按时提供电缆影响整个的实验周期延后，我们甲方的损失达到上千万元。其实就是因为双方事先没有共同明确电缆尺寸的测量方法，小小的失误造成了重大的经济损失。如果把测量方法做出一门课程供甲乙双方学习，就不会发生这么惨痛的损失了。

技术老研分享的这个案例因为工作痛点造成的损失是惊人的。平时在课程开发过程中总和小伙伴们强调在选题时要关注工作中的"痛点"，没想到没有最痛，只有更痛。

以上的案例都是我们在帮助企业进行内容建设时遇到的真实课程选题，他们有一个共同的特点，就是把每个企业、每个岗位、每个人在工作中遇到的最痛的困难、解决不了的"难题"作为课程选题开发出来。毋庸置疑，这些选题均受到了企业内部小伙伴的热烈追捧。

第三节　选题"典"——典型工作场景

安装空调任务包含三个工作场景

场景

场景就是动作、对象、时机、地点的组合，这四个要素中哪怕一个要素不同，场景也不相同。

例如：安装空调是一项任务，按照不同的要素组合，可能包含：室内安装一体式空调、高空安装壁挂式空调、写字楼安装中央空调等不同的工作场景。工作场景不同，所需要掌握的知识、技能就会有差别。

为什么要寻找典型的工作场景，以及如何判断是否典型，我们通过下面的一组对话来寻找答案。

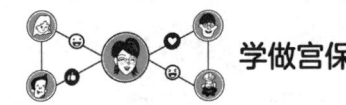

探讨时间

学做宫保鸡丁

阿文老师：女儿上次在川菜馆尝到了很美味的宫保鸡丁，希望自己也能学会，于是求助我来教她。在制作这道美食的过程中大致有几个环节分别是"清洗""备料""烹制"三个场景。问题来了，"清洗"就是将食材清洗干净，如果作为培训内容，这个场景需要作为重点内容进行讲解吗？换句话说，这个场景是否典型呢？

销售大金："清洗"的操作太简单了，我这种从没下过厨房的人都知道怎么清洗，我猜它不是典型场景。

阿文老师：大金说得没错，"清洗"因为比较简单，所以没必要作为典型场景进行选题教学。那么"备料"和"烹制"这两个场景是否典型呢？

技术老研：根据我做饭的经验，"备料"场景中切丁的大小影响火候和口感，还要对鸡胸进行去腥处理，这些小技巧都挺重要。"烹制"包含了制作这道菜的关键步骤，包括翻炒、配料、勾芡等复杂的操作，所以我判断这两个场景都是典型的。阿文老师我猜对了吗？

阿文老师：老研说得没错！接下来的问题提高难度了，如果朋友送给我一只活土鸡，"杀鸡"环节必不可少，那么这是典型场景吗？

生产大壮：不需要吧，毕竟不是每次想吃宫保鸡丁的时候都有人送土鸡啊，这个场景很难遇到，一点都不典型。

阿文老师：大壮说得没错，制作宫保鸡丁这个任务中虽然有很多的工作场景，但不是所有场景都需要进行选题教学，选择其中两个典型场景"备料"与"烹制"就满足培训学习的需求了。

通过上面的生活案例，我们了解了在学习制作宫保鸡丁过程中，虽然有多个场景，但是"杀鸡"这个场景不典型，"清洗"这个场景过于简单，只有"备料"和"烹制"这两个场景是典型的，所以为了达到基本的培训效果，只需要选择典型场景进行学习就可以了。（如图2-2所示）

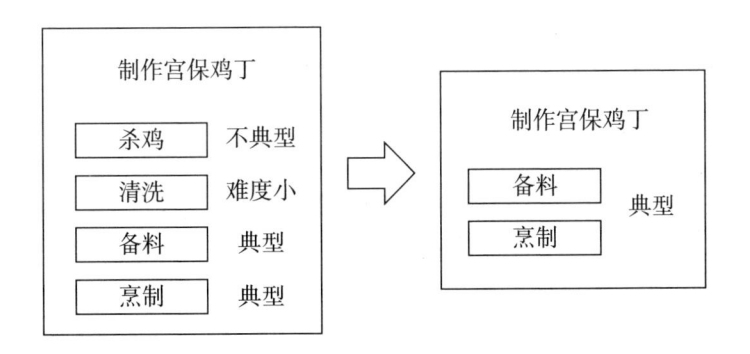

图2-2 生活案例

接下来我们再来分析几组真实的课程案例，供大家参考。

案例　公司前台岗位"一日一新彩虹丝巾"

> **典型工作场景**
>
> 我来分享一个典型的场景选题。公司要求前台人员规范着装要求，并且将其纳入考核项目中，因此上岗前整理着装服饰就成为工作的一部分。我发现前台小姐姐们，穿干净整洁的统一制服难不倒她们，但是如何将与制服配套的丝巾系好看就有难度了，特别是一周五个工作日，如果每天都有一款不同的花样，那就更完美了。所以我决定将"一日一新彩虹丝巾"作为典型工作场景进行课程选题。

这是一个非常典型的工作场景，前台姑娘们每天都要系丝巾说明频率高，一周五个工作日不重复花样说明有难度，这些都是典型工作场景判断的依据。相信HR小美开发这门课程后公司的整体形象又能提升一大截。

案例　安全生产"两幅手套呵护磁粉检测人员的双手"

> **典型工作场景**
>
> 在生产车间的检测部门，检测人员每天在检测工作中都会接触到磁粉，但是磁粉长期直接接触皮肤会带来危害，需要采取正确的防护措施，因为这是每天都要面临的工作环境，并且防护措施对员工人身安全很重要，所以具有典型性。其实解决这个问题很简单，只要佩戴两副手套就解决了，接下来我们根据这个工作场景开发选题"两幅手套呵护磁粉检测人员的双手"。

在大壮的描述中有几个非常关键的描述"每天都会接触"说明频率高、"危害"/"正确防护"说明价值大，这是一个标准的典型工作场景选题。

通过以上几组案例寻找典型的工作场景基本了解了，能不能再分享一个典型任务与工作场景相关联的案例？

案例　物业客户主管岗位——一个任务多个场景

一个任务多个场景

那我就分享一个任务与场景相关的案例。岗位是物业公司客户服务部的物业客户主管，他们的工作任务有日常巡查、业户报事处理/跟进、业主意见收集、物业费催缴等，这些工作任务都是典型的工作任务，每个工作任务下一级又可能拆分出不同的工作场景。

以"日常巡检"**一个典型工作任务为例，包含多个工作场景**

- ✓ 场景1　日常楼宇巡检
- ✓ 场景2　绿化养护巡检
- ✓ 场景3　公共设施巡检

在这个案例中，"日常巡检"是典型任务，下一级的每个场景的工作重点都不相同，细分后的这些工作场景都可以作为选题进行培训课程开发。

到这里我们完成了课程选题的内容介绍，在这一章中从新情景、痛点问题以及典型工作场景三个选题方向进行了介绍。

第四节　选题判断工具

在确定选题后，我们还是要再谨慎一些，毕竟课程开发选题是首要环节，一旦选题不合理，后面的开发工作就南辕北辙了。选题是否符合企业实际需要，结合本节内容，提供了一个判断工具供大家参考。

该工具主要考虑四个方面，这几个方面同等重要：

（1）选题是否来自典型场景或者工作痛点问题或者新情景；

（2）选题的紧迫性、重要性与高频使用的需求；

（3）该选题在企业与组织内部是否有行业专家。

选题判断工具

表2-1 选题评价工具

序号	判断依据		建议分值	小计
1	选题来源（典型场景/痛点问题/新情境）		3	
2	使用需要	紧迫问题	1	
3		重要内容	1	
4		高频使用	1	
5	有无专家		3	
合　计				

如表2-1所示，该工具在使用时建议由课程开发专家组的多名专家同时进行，针对同一选题综合多名专家意见进行课程选题的优先排序，毕竟大家说好才是真的好。

点破误区

误区1：工作经验不成熟

在协助企业进行内容建设时经常会遇到没有掌握标准流程、成熟技术，就开始课程开发工作的问题。每遇到这种情况都会消耗课程开发团队成员的很多精力。因为在研发过程中不可避免地要走一些弯路，所以一定是先有成熟的经验再进行课程开发，切记不可本末倒置。

误区 2：企业内部没有行业专家

组织内容建设的企业有行业优势、某个领域的擅长专家、丰富的经验。

企业与组织内部进行课程开发的前提是向外不能获得资源，比如在市场上买不到合适的课程、请不到解决问题的专家，所以需要向"内"求助。组织内的行业专家可能是连续三年的销售冠军，可能是一线效率最高的技术能手，也可能是连续攻克难题的资深工程师，他们是宝贵财富，课程开发依赖于这些内部专家的智慧。

误区 3：没分清学习对象

课程选题一定要有明确的学习对象，考虑清楚到底谁是学生？

例如一位档案管理员一开始提交了"档案管理流程"一题，从题目上猜测学习者应该是管理档案的小伙伴。随着内容萃取、教学设计等环节的进行，发现他的工作痛点是遇到许多员工提交的档案不合规，所以学习者应该是提交档案的人员，将选题修改为"档案如何快速过审"才是开发者的初心。

误区 4：不是学习能改变的行为

有些问题无法通过学习来改变，就不必开发成课程，例如由于政策配套不足导致流程无法推进，就没有必要再从流程方法角度去开发课程了。

误区 5：选择现成的内容做选题

课程开发中经常遇到一些小伙伴想办法偷懒。比如选题"如何保持好心态"，因为手头正好有相应的资料，或者在互联网上很容易获得相关内容，所以作为课程选题。企业更需要独属的、高价值的经验积累，如果这类课程对本岗位是非常必要的，建议结合行业特点转化为具体的行为措施更有意义。

误区6：保密内容不能作为课程选题

要保持企业核心竞争力，保密技术以及公司的核心壁垒技术通常不作为公开的课程选题，它涉及公司的秘密，不适宜大规模推广。所以在进行课程选题时请企业与组织内部相关部门进行涉密工作的把关，多听听他们的意见。

第二章 取：内容萃取干货满

☕ 顺溜打鬼子

电视剧《我的兄弟叫顺溜》中，顺溜从小跟着父亲上山打猎，久而久之练成了神枪手。他参军后，营长为了让更多的战士像顺溜一样百发百中，便邀请顺溜给战友们讲讲"为什么枪打得那么准"。顺溜憨憨地说："我没什么经验，就是瞄准，开枪就行了。"营长又耐心地进行引导，问他开枪的时机、怎么瞄准，他都答非所问，还说了一句："我晚上总瞄蚊子做练习。"

后来，文书翰林帮顺溜总结出射击的要领，并且总结了一个口诀"鬼子上山，瞄他的头；鬼子下山，瞄他的脚……"，这口诀简单容易记住，战士们很快就掌握了要领，提高了射击本领。

无论营长怎么引导，顺溜都没有总结出射击的经验。在企业中，类似顺溜这样绩效优异的业务专家并不在少数，他们经过反复练习掌握了某项技

能或摸到了门道，却不能很清楚地把自己的做法和背后的原因条理化、系统化地讲出来，结果只能是自己会却教不了别人。

好在文书翰林帮顺溜提炼萃取出关键要点，这就是萃取的力量，把业务专家背后的经验规律、流程步骤和方法工具提炼出来，使其可以被快速复制与传播。

顺溜是典型的茶壶煮饺子有货倒不出，可如何做到文书翰林那样能把内在的知识、技能描述出来呢？在这一章节我们就分享一下如何做会归纳总结的"翰林"。（如图2-3所示）

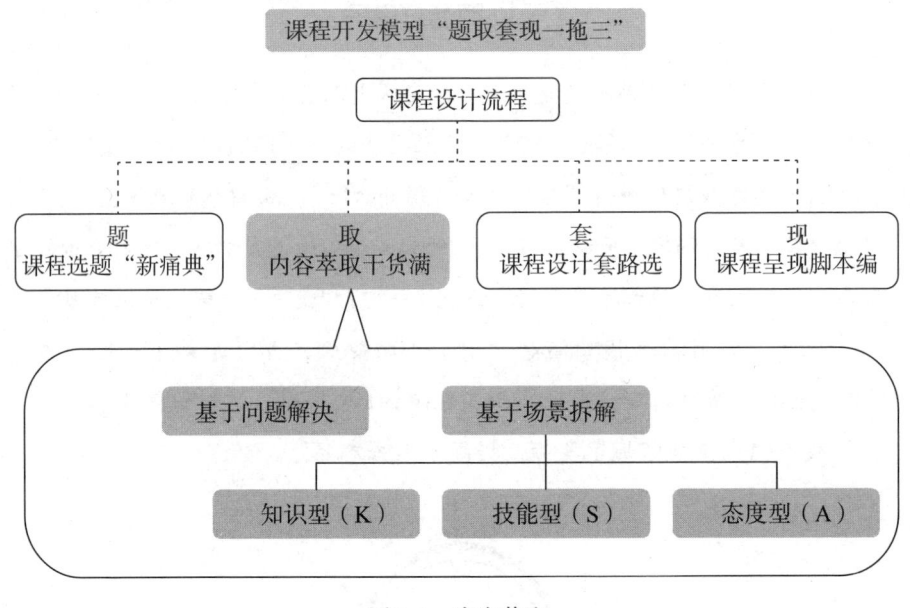

```
课程开发模型"题取套现一拖三"
            │
         课程设计流程
    ┌────┬────┴────┬────┐
    题        取        套        现
课程选题  内容萃取  课程设计  课程呈现
"新痛典"  干货满    套路选    脚本编
            │
    ┌───────┴───────┐
 基于问题解决    基于场景拆解
                    │
         ┌──────────┼──────────┐
      知识型(K)  技能型(S)  态度型(A)
```

图2-3　内容萃取

第一节　萃取套路1：基于问题解决的萃取法

以"问题驱动，聚焦方法"作为萃取思路

在工作中我们经常会遇到各种各样的问题与困难，这时候特别希望在

身边有一个能回答十万个为什么的白胡子老爷爷，无论问什么问题都能得到我们想要的答案。虽然这个奢侈的愿望不好实现，但它为我们提供了一个提炼萃取的思路，就是"问题驱动，聚焦方法"。

首先，对问题进行详细描述，包括：出现问题的场景，发生问题的过程，造成问题的主客观原因，问题影响的范围，产生的后果和影响等。然后寻找身边的业务专家，请他们将解决问题的步骤、方法、措施、技巧，甚至还有配套的工具包等，提炼萃取成一套有效方法。让更多的小伙伴能操作会复制。或许我们就是这样的专家，只是没有意识到要从问题出发而已。

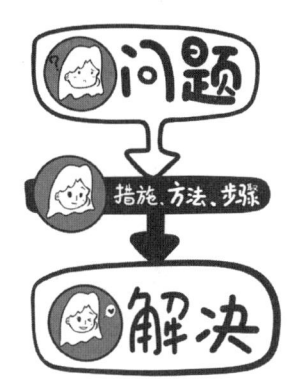

基于"问题驱动，聚焦方法"的萃取思路，可以更快捷地进入内容萃取的工作环节。

接下来通过一组案例和大家一起分享HR小美、生产大壮他们是如何以问题驱动萃取经验的。

案例　汇报工作时领导打瞌睡怎么办？

汇报工作领导打瞌睡

遇到问题

辛辛苦苦熬夜加班做出的方案，汇报时领导不停地打瞌睡；绞尽脑汁地思考如何保障项目进度又精打细算，最后只换了领导一句话"预算这么多啊"。

分析一下

这个"问题"聚焦在领导没有仔细倾听。换位思考，汇报人是不是在短时间内没有抓住领导的眼球？汇报的内容又过于平淡？所以如何回答这个问题，需要在汇报的方式方法与技巧上有待提高。

解决办法

需要迅速抓住领导的注意力，并且有理有据地展开汇报，更需要充分的准备，必要的时候要引用数据来助力。所以解决这个"问题"，需要总结职场精英的汇报技巧。

- ✓ 技巧1：直击痛点，亮出解决方案
- ✓ 技巧2：结论先行，分清轻重缓急
- ✓ 技巧3：准备充分，提高沟通效率
- ✓ 技巧4：数据说话，增加说服力

案例　新员工入职第一天提升员工体验感

体验不好要离职

遇到问题

终于招到了理想的员工，已经签了合同，入职第一天风平浪静，小美以为大功告成，然而第二天就收到了这名员工的辞职报告。经过了解，是新员工在新公司度过了糟糕的一天，体验感很差，于是他选择离职。

分析一下

这个问题出现在新员工入职第一天的体验感上，找到问题就难不倒小美了，提升新员工的体验措施作为萃取思路再好不过了。

解决办法

为了提升第一天的体验感，需要HR们精心准备了，可能是一份独特的小礼物，可能是新奇的仪式感，可能是一次贴心的聊天。看看小美总结了哪些有效措施来解决体验感的问题。

- ✓ 措施1：设置独特而新奇的欢迎仪式
- ✓ 措施2：准备精致小礼物
- ✓ 措施3：陪同新员工参观介绍公司环境
- ✓ 措施4：下班前与新员工贴心的聊一聊

案例　服务顾问接听故障车救援电话后被投诉

服务顾问被投诉

遇到问题

白小新刚刚入职汽车4S店做服务顾问，昨天接到一个车主打来的故障车救援电话。焦急的车主遇上经验空白、新入职的服务顾问，白小新被投诉是毫无悬念了。

分析一下

这个问题出现在车辆发生故障后，通常车主是非常着急甚至暴躁的。业务不熟练、不懂安抚客户情绪的白小新急需学习服务顾问接听电话时的标准流程以及在电话沟通中的回答技巧。

解决办法

接听投诉电话的流程：

确认救援类型—确保人身安全—安抚客户情绪—询问车辆情况—判断类型并出具救援方案—发送短信二次安抚客户

接听投诉电话的技巧：

- ✓ 技巧1：换位思考情感沟通，增进理解奠定基础
- ✓ 技巧2：寻求缓解矛盾的各种力量，共同解决纠纷

- ✓ 技巧3：以退为进，以暂时的退让取得更大的进展
- ✓ 技巧4：突破重点，矛盾突出时找关键，化繁为简

第二节　萃取套路2：基于场景拆解KSA萃取法

小美买酸奶

我周末去超市买酸奶，不瞒大家说，按我节俭的习惯，哪款打折买哪款。这次一位促销员推荐了一款益生菌酸奶，一开始我感觉这么花里胡哨的功能根本用不上，就回绝了。提前剧透一下啊，最终我还是超预算购买了益生菌酸奶，知道促销员是如何说服我的吗？

促销员的**专业知识**打动了我。他重点强调在酸奶中额外增加了两种益生菌，在发酵过程中消耗了乳糖从而降低了糖的摄入量，还产生了两种有益的益生菌：维生素和酶。听上去他很专业，并且我正在减肥，需要少吃糖的同时还补充了维生素，简直完美。

我发现同时还有两名顾客被推荐购买这种酸奶的新产品，但是被推荐的话术却不一样。其中有一位促销员在为一位带着宝宝的妈妈进行推荐，促销员重点强调"如何利于儿童生长"；还有另一位促销员苦口婆心地向一位老大爷推荐，遗憾的是老大爷坚持不买，那位促销员依然微笑着很有耐心。

HR小美分享的这个生活中的场景经常发生在我们身边，接下来我们就分析一下在这个场景中，酸奶促销员的工作目标以及所展示出来的工作能力都有哪些。

促销员的工作目标很清晰，就是在超市向更多的顾客推销一款酸奶新产品。为了完成这个工作目标，促销员所具备的能力好像不少。

能力1：熟知专业知识。促销员们要熟记酸奶的技术参数："额外增加了两种益生菌，在发酵过程中消耗了乳糖从而降低了糖的摄入量，还产出了两种有益的益生菌比如维生素和酶。"

能力2：娴熟的销售技能。针对不同人群的销售话术是不同的：

- 面对中青年人展示专业形象，使用更具权威性的技术参数解释普通酸奶和益生菌酸奶的区别；
- 面对儿童及家长展示产品安全性及好处，重点强调安全性以及有助于儿童成长；
- 面对老年人展示产品性价比，比如免费试喝的同时，使用通俗易懂的讲解方法来展示高性价比。

能力3：端正的工作态度。面对固执的老大爷始终保持着耐心。促销员非常尊重客户，并且表现到了行动上。

- 行为1，换位思考。客户是我们的衣食父母，在销售过程中需要站在客户的角度换位思考，如果是我们自己也会因为各种原因不产生购买行为。
- 行为2，不指责客户。即使做了很多引导工作，但客户始终没有发生销售行为，不指责客户，始终保持微笑。

通过对这个工作场景的分析，我们发现为了实现特定场景下的工作目标，作为一名合格的职场人士需要掌握知识（Knowledge）、技能（Skills）、态度（Attitude）等不同的知识类型。在接下来的篇章中我们就简称知识、技能、态度为KSA。其实KSA是人力资源领域里的概念，与日常口语中的知识、技能、态度有所不同，原本说的是评价人能力的三个维度，它有两个特征：

- 特征1：以完成工作任务为目的；

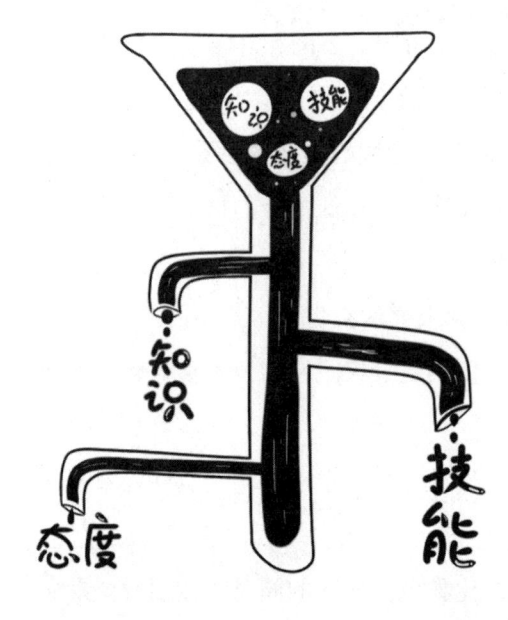

- 特征2：完成工作任务所必须的。

通常企业会根据职位对应聘者列出KSA的任职要求，并以此为依据进行招聘工作。应征者也会根据对任职要求的理解，在个人简历中罗列出自己的KSA，证明自己是这个职位的适合人选。把任职要求中的KSA和个人所具备的KSA进行对比，这个对比过程就是甄选的过程。人无完人，其实在招聘过程中能招到满分的人选经常是一件可望而不可及的事情，所以在新员工入职之后企业通常会提供相应的学习与培训。

知识的定义

知识

我们先澄清一个概念"知识"，这里的"知识"是所有KSA的统称，是更广义上的知识。"知识"是哲学认识领域里最重要的一个概念，有一个经典的定义来源于柏拉图：一条陈述能称得上是知识必须满足三个条件，它一定是被验证过的，正确的，而且是被人们相信的。这也是科学与非科学的区分标准。知识也是人类在实践中认识客观世界的成果，包括事实、信息的描述或在教育和实践中获得的技能。

从推销酸奶产品的场景中不难分析出，为了完成特定场景下的工作目标，一名职场人士需要掌握不同类型的知识才能满足工作需要。接下来，我们就看看是如何基于工作场景提炼萃取KSA的。

1. 知识型内容萃取

（1）知识型内容是什么

知识型内容

> **知识型**
>
> 这里的"知识型"是狭义范畴内的概念，是KSA中的K（Knowledge），是指完成工作任务必须掌握的数据、词汇、概念、常识、事实和程序等。通常知识是能背诵的，有客观评价标准的。对知识型内容掌握程度的评价，可以用是否能够使用自己的语言准确描述/说明这些知识。当然，更重要的是看能不能将其灵活运用于实践当中。

用一个生活中的案例解释一下什么是知识型内容？妈妈带着3岁的宝宝去花鸟鱼虫市场，宝宝指着一只乌龟对妈妈说："妈妈，我要买一条小鱼。"通常妈妈会这么回答："宝贝，那不是鱼。鱼没有壳没有脚，不能在陆地上生活。你看另一个鱼缸里游着的那一条，它生活在水里，身上有鳞，那才是鱼。"妈妈告诉了宝贝"什么是鱼"也就是"鱼的定义"，并且用"生活在水中"和"身上有鳞"的特征来界定清楚了鱼的概念。

（2）知识型干货如何萃取

作为培训内容进行经验萃取时，是如何萃取知识型K的内容的呢？我们继续借用"这一条鱼"进行讲解。

案例 "鱼"是什么

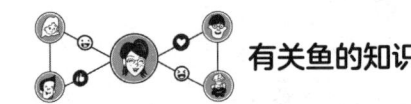

有关鱼的知识

鱼是什么？

百度百科定义：鱼是一种水生脊椎动物。

鱼的分类有哪些？

有两种分类方式：

- ✓ 分类方式1：世界上鱼的种类共约2万余种。鱼分为圆口纲73种、软骨鱼纲800多种、硬骨鱼纲2万多种。
- ✓ 分类方式2：我国鱼的种类3000多种，其中海水鱼2100余种，淡水鱼1010种左右。

鱼的特征是什么？

鱼的特征很多，但最主要表现在四个方面：

- ✓ 特征1：生活在水中。所有鱼都生活在水中，即便有的可以短期离水，一段时间后还是要回到水里。
- ✓ 特征2：用鳃呼吸。鱼都是用鳃呼吸，可以从水中获取养分。
- ✓ 特征3：用鳍游泳。鱼没有四肢，有鱼鳍，可以借助鱼鳍在水中游动和保持平衡。
- ✓ 特征4：繁殖为卵生。大多数鱼的繁殖方式为卵生，也有少数为卵胎生。

鱼的作用有哪些？

作用1：被观赏。很多种鱼的外形非常美观，经常被作为宠物进行养殖并观赏。

作用2：作为食物。鱼肉细腻鲜美、是家庭生活，餐桌上的美味佳肴。鱼具有补充营养的作用。它有滋补健胃、利水消肿、清热解毒等功能。

通过对这个案例的分析，轻松得到了有关鱼的很多知识，包括鱼是什么？怎么分类？特征是什么？作用有哪些等。注意，在这个案例中我们并没有给定特定的场景，而是尽可能地展示了有关鱼的所有知识。

其实在实际工作中，经常会根据不同的业务场景，提炼特定的知识就可以满足培训需要了。接下来，我们通过有特定工作场景的一组案例来介绍如何在实际工作中萃取知识型内容。

案例　5S是什么

是什么/有什么

工作场景：在车间保持良好的生产环境

大壮所在的工作车间，一直保持着良好的工作环境、和谐融洽的工作氛围，这都离不开5S管理制度。

5S是什么呢？

5S是造就安全、舒适、明亮的工作环境，提升员工真善美的品质，从而塑造企业良好的形象，实现共同梦想。

5S都包含什么呢？

分别是：

- ✓ 1S——整理：区分要与不要的东西，职场除了要用的东西以外，一切都不放置。
- ✓ 2S——整顿：使用的东西依据"三定"即定人、定位、定方法的要求摆放整齐，明确数量。
- ✓ 3S——清扫：清除职场内的脏污，防止污染的发生。
- ✓ 4S——清洁：整理、整顿、清扫后要认真维护，使现场保持完美和最佳状态。

> ✓ 5S——素养：培养文明礼貌习惯，按规定行事，养成良好的工作习惯。

以上这些是生产大壮所在的车间保持良好工作环境非常必须了解的知识，所以大壮开发了"5S管理是什么"这门课程，并且提炼萃取了5S是什么，以及包含什么等知识型内容。

案例　5G手机的优势有哪些

优势

工作场景：销售大金在手机营业厅推广5G手机

随着科技的发展，5G逐渐走进了人们的生活，与之匹配的手机产品也迅速进入市场。我们看看，大金作为金牌销售是如何推销手机新产品的？

5G手机的"优势"有哪些？

说起5G手机，**优势太多了**，总结下来有以下几个突出的优势。

- ✓ 优势1：高速率。即使是几个G的高清电影，下载速度都超级快。
- ✓ 优势2：低延时。在驾车导航的时候充分感受到地图的更新速度，安全驾驶有保障。
- ✓ 优势3：泛在网。通俗说就是无论你在哪里，犄角旮旯全覆盖网络。
- ✓ 优势4：低功耗。一次充电长时间使用，智能设备常在线。
- ✓ 优势5：高移动性。即使在高铁上面都能畅快地玩游戏。

销售大金的销售能力毋庸置疑，简短的一段话，句句离不开5G手机的优势，把优势说清楚，新产品的卖点也就讲解明白了。在这个案例中大金开发了"5G手机的优势"一课，新入职的销售伙伴们只需记住五条优势就可以轻松上岗了。

案例　点菜原则是什么

工作场景：商务宴请顾客时如何点菜

作为销售人员，宴请客户是一个典型的工作场景，经过多年的摸索，我总结了几个点菜的原则给新入职的小伙伴们分享一下。

点菜的"原则"

- 原则1：请客人先点菜。如果客人谦让点菜权，主人也不必过于勉强，询问客人有什么忌口。
- 原则2：点菜要快。不要点了很久都没定下来。
- 原则3：评估预算。预算主要涉及主餐的价格，通常主菜要比客人多点一到两道，然后再配一个冷盘和一道汤就足够了。
- 原则4：不要同时点同类项的菜。鱼肉蛋等保持均衡，不是同时点2~3道鱼或同时点2~3道羊肉。
- 原则5：点菜要上档次。需要点一到两个有特色的上档次的菜品。
- 原则6：点完菜要询问客人用什么酒水/饮料。如果自己不饮酒，或者要开车，或者下午有工作安排不便饮酒，或者干脆说公司用餐不允许午餐用酒来解释。
- 原则7：第一次去餐厅可以请服务生推荐特色菜品。
- 原则8：最后点主食。注意南北方差异。

销售能力是大金的强项，在商务宴请场景下的表现大金依然如鱼得水，滔滔不绝地介绍如何点菜，这个场景下只需要提炼萃取点菜的原则就够用了。

案例 "90后"特征有什么

特征

工作场景：无时无刻不与"90后"员工密切接触

作为企业HR负责人，小美既要承担培训任务还要兼顾招聘工作，少不了与"90后"打交道。最近招聘的新员工队伍中有越来越多的"90后"，刚刚结束了雏鹰新人培训，小美就通过观察并总结了"90后"的新生代员工的五个特征。

"90后"有几个特征：

特征1：倾向于"好玩"地活着。"90后"出生和成长的年代相对富足，年轻人喜欢幽默的语言、欣赏轻松乐观的生活态度，甚至很多人喜欢用开玩笑来表达自己的生活态度。

特征2：喜欢真实。他们喜欢真诚地说话，开心就好。

特征3："拇指与表情一代"。他们不习惯面对面交流，更偏向用"拇指与表情"，大部分交流都能用手机完成。

特征4：外表个性，内在茫然。他们同任何一代年轻人一样，对未知的未来充满了迷茫，极其容易被外界影响。

特征5：很拼搏但少表达。他们觉得拼命努力是一件很自然的事儿，没有必要值得骄傲。

作为资深的HR，小美很迅速的提炼萃取出"90后"的特征。有了这些知识压箱底做课程开发的内容，可以让更多小白们学习到小美的经验。无论是招聘环节，还是绩效面谈等各种工作场景中，与90后开展积极有效的沟通，职场HR们就更加得心应手了。

案例　飞机发动机原理是什么

> **原理**
>
> **工作场景：改进飞机发动机，确保在鸟类保护区飞行时安全驾驶**
>
> 我们国家的绿化环境越来越好了，随之出现了更多的鸟类自然保护区。但在这种环境下进行植树造林作业时，也增加了新的困难。由于经常有各种鸟类飞行，有的时候小鸟会撞入发动机内，使发动机内部叶片弯曲甚至断裂，这将导致失去动力，一旦发生这种情况，后果不堪设想。老研最近接到一个非常艰巨的任务，需要带领团队一起改进飞机发动机结构，以防止这种危险的情况发生。
>
> **老研需要向团队伙伴们科普飞机发动机的结构与排污原理**
>
> 由于涉及保密技术，老研就不跟大家分享飞机发动机具体的结构与排污原理知识了。总之，团队小伙伴们都要非常熟悉，才能指导具体的科研工作。

在研发升级迭代发动机的场景下，技术老研所带领的团队需要熟知飞机发动机的结构/构成，尤其需要掌握排污原理，才能顺利地完成科研任务。

原理是知识型中非常重要的一项，只有了解了事物的原理才能具备知识的迁移能力，比如了解了轮子的运动原理，可以将两轮自行车的研发与生产迁移到三轮车中去；比如了解了边际的原理，就可以从物理边际范围迁移到经济边际成本中去。掌握原理知识，可以将知识应用到更广泛的生活、工作与学习中。

（3）"知识型"内容萃取工具

大家注意到没有，在各个业务领域进行经验萃取时，已经不自觉地给知识总结了很多关键词：

- ✓ 定义。生产大壮"5S管理是什么"中出现的关键词是5S管理是什么/定义、5S包括什么。
- ✓ 优势。销售大金"5G手机的优势"中出现的关键词是5G手机的优势。
- ✓ 原则。销售大金"商务宴请点菜原则"中出现的关键词是点菜原则。
- ✓ 特征。HR小美"与90后亲密接触"中出现的关键词是90后的特征。
- ✓ 原理。技术老研"改进飞机发动机"出现的关键词是飞机发动机的构成以及排污原理。

这几个关键字非常具有代表性，都给知识型内容贴好了标签。除这些常见的关键字外，有时为了方便理解和区分知识，还会萃取"不是什么""优点/缺点""常见误区"等，在这里我们就不一一列举了。有时还会采用一句话案例辅助说明知识。

我们将这些常用的关键词整理成一个工具清单，提供给大家，以便在内容萃取时参考。（如表2-2所示）

表2-2 知识型内容萃取工具

关键词		内容描述
是什么	概念	定义、含义
	结构	组成、结构
	作用	用途、影响、效果
	特征	独特的地方
	原理	基础的规律
	性质	区别与其他事物的属性
	分类	逻辑从属关系
	对比	优点、缺点
	关联	相互之间的牵连与影响
不是什么		"是"的否定，错误、过失
误区		指错误的认识
举例		常用一句话案例辅助解释

点破误区

误区：对所有内容都恋恋不舍

人的大脑是懒惰的，总是希望学习更少的知识就能满足工作任务的需求，所以在进行课程开发时需要提炼精华。在萃取知识型内容时，可以根据工具，选择1～2个关键词展开萃取，例如可以使用概念进行萃取，也可以将分类结合特征，或分类结合作用一起萃取知识。

特别注意，在萃取知识型内容时不需要面面俱到，遵守够用原则。能够解决工作场景中的问题就可以了，如果用到上面工具中所有的关键词展开内容萃取，可能就会画蛇添足。

2.技能型内容萃取

（1）技能型知识有什么

技能型知识

技能型

这里的技能型知识是KSA中的S（Skills）。一般的知识型知识是回答"是什么"的问题，那么技能型知识就是回答"怎么做"的问题。

技能是指完成任务必须掌握的工具使用方式、行为方式、思维方式、信息传递方式和人际交往方式等。技能型知识对应的是过程，包括完成工作或解决问题的步骤流程、方法技巧，是需要操作、练习、反复训练才能掌握的。

还记得之前和大家分享烹制宫保鸡丁吗？有几个场景分别是清洗、备料、烹制、宰杀土鸡四个场景，大家一致认为"清洗"和"宰杀土鸡"的两个场景不典型所以不需要作为课程选题，所以最后只保留了"备料"和"烹制"两个场景。在这一节中我们就围绕典型工作场景一起学习一下"如何制作宫保鸡丁"。

HR小美和技术老研都是美食爱好者，他们都积极地分享了自己的经验，先看看他们是如何分享的。

案例　小美分享制作宫保鸡丁的流程

制作宫保鸡丁流程

我来分享制作宫保鸡丁的主要流程，一共分成三个步骤：

步骤1：准备主料。

准备三种主料鸡胸肉、葱白和花生米，分别进行简单处理，将鸡胸切丁炒至八成熟，葱白切段，将花生米炒熟备用。

步骤2：准备辅料。

准备干辣椒、青花椒、蒜末、姜、盐、老抽、料酒、白糖、香油。

步骤3：翻炒出锅。

热锅放干辣椒和青花椒炒香，分别倒入八成熟鸡丁、炒熟的花生米，切段的葱白，不停翻炒。然后放入食用盐、老抽、料酒、白糖、香油等辅料，翻炒出锅。

HR小美分享了宫保鸡丁的制作流程，一共有三个步骤，每个步骤也都讲解得很详细清楚，新手小白按照流程就可以操作了。

案例　老研分享制作宫保鸡丁的技巧

> **制作宫保鸡丁技巧**
>
> 我来分享制作宫保鸡丁的三个关键技巧：
>
> **技巧1：提前腌制更入味。**
>
> 鸡肉放入料酒、酱油、胡椒粉、食盐抓拌均匀，朝着一个方向搅拌，使料汁充分地吸收。注意在腌制鸡肉最后一个环节时放入淀粉抓拌均匀，这样有助于锁住鸡肉的味道。
>
> **技巧2：提前调汁省时间。**
>
> 提前调汁节省时间。那么多辅料分别放进去会占用很多时间，很容易导致翻炒的时间过长而使鸡肉变老。为了保持更鲜嫩的口感可以提前调汁，将料酒、酱油、白胡椒、白糖、水、淀粉等放入碗中搅拌均匀以备使用。
>
> **技巧3：辣椒的妙用。**
>
> 干辣椒是制作宫保鸡丁中必不可少的辅料，它有两个用途。
>
> 作用一是提香增色。将干辣椒剪成段，选用不辣的干辣椒，比如二荆条，主要是提香提色。
>
> 作用二是提升辣度。如果喜欢辣的可以额外再搭配一些，比如野山辣椒一起使用。

技术老研的经验分享很厉害啊，一看就是一位资深的美食爱好者，烹制宫保鸡丁的各个细节都有独到的经验，有了老研分享宫保鸡丁的技巧，鸡肉更入味、鲜嫩，色泽更亮丽，实在是佩服！

但问题也来了，同样都是制作宫保鸡丁，HR小美和技术老研分享的也都很有道理，但他俩的重点内容完全不一样啊。小美按照流程步骤进行提炼,老研沿着方法技巧萃取,那我们提炼萃取技能型知识时到底该怎么做呢?

(2)技能型知识萃取——拆解流程步骤

拆解流程步骤

> **拆解流程步骤**
>
> 技能型知识中有一种类型是"流程步骤类技能",是为了完成任务、解决问题或达到目标的过程。我们要清楚在这个过程中需要执行哪些步骤,这些步骤的先后顺序是什么,以及步骤中的关键动作有哪些。

大家还记得小品中"把大象装冰箱分几步"吗?因为怪诞的想法引起观众哄堂大笑。今天我们脑洞大开一次,如果大象真能装进冰箱,到底分成几步?

小品中的回答是分成三步:

✓ 第一步,把冰箱门打开;
✓ 第二步,把大象塞进去;
✓ 第三步,把冰箱门关上。

按以上三个步骤拆解流程并没有问题,但是描述得过于简单。如果真能把大象塞进冰箱,还得考虑冰箱内有没有杂物保证空间足够大,即使大象能被塞进冰箱也不一定顺利,所以还得想办法引诱大象先走到冰箱门口以便后续的操作。考虑了这些因素后,我们完善了流程:

✓ 第一步,打开冰箱门;
✓ 第二步,清理冰箱杂物;

- ✓ 第三步，引导大象走向冰箱；
- ✓ 第四步，推大象一把塞进冰箱；
- ✓ 第五步，关上冰箱门。

注意如果分解之后，某些步骤还是比较抽象、不好理解或解释不清楚的，还是需要再具体化或再进行分解步骤，直至能讲明白。

对流程步骤类技能有了基本了解后，接下来我们看看生产大壮在具体工作场景下是如何利用"拆解流程步骤"萃取知识的。

案例　有限作业空间三步走

有限空间安全作业三步走

工作场景：封闭空间作业时确保安全措施

大壮的团队是水务公司施工队的成员，在进行井下作业时，由于空间封闭、空气稀薄，作业空间又有限，甚至会发生中毒以及爆炸等严重事故，所以当务之急是确保安全措施下进行井下作业，为此大壮开发了一门课程。

有限空间安全作业三步走

- ✓ **步骤1：先通风**。打开井盖自然通风持续最少15分钟时间，为了提高效率，可以使用通风机帮忙。
- ✓ **步骤2：再检测**。用检测仪检测井室内空气质量，检测硫化氢、一氧化碳等有害气体的含量。
- ✓ **步骤3：后作业**。确定安全后下井作业，系好安全带固定安全绳，监护人员不得离开监护现场。

（3）技能型知识萃取——提炼方法技巧

👤 提炼方法技巧

> 🎓 **提炼方法/技巧**
>
> 技能型知识中还有一种动作是"方法、技巧、措施"。当无法按照清晰的步骤拆解流程，或者拆解步骤后依然讲不清楚如何做好、如何解决问题时，使用技巧、方法等回答"怎么办"。作为现实工作中的具体行动体现，重在分析完成任务的关键成功因素有哪些。

我们还以"把大象装冰箱分几步"为例，虽然已经拆分了五个步骤完成流程，但绝大部分观众依然认为是荒诞不可实现的。认真搞笑的观众会问"第四步推大象一把塞进冰箱"到底怎么塞？因为这一步的讲解并没有解决问题的痛点。需要讲明白把大象塞冰箱是如何实现的。比如拼命硬塞、拿美食忽悠大象、锻炼臂力把大象抱入冰箱、血腥肢解、换个大冰箱、跟大象唠嗑建立亲密关系等。所以在流程的基础上还得考虑有效的方法、措施、技巧。

拆解方法技巧：

- ✓ 方法1：拼命硬塞法
- ✓ 方法2：美食忽悠法
- ✓ 方法3：大力抱入法
- ✓ 方法4：血腥肢解法
- ✓ 方法5：换大冰箱法
- ✓ 方法6：建立亲密关系法

方法技巧是动作，实际拆解时有时候需要凸显采用该方法后的效果。比如"血腥肢解法，大象有进无出"和"建立亲密关系法，大象主动进冰箱"

就是方法加效果的描述方式，可以突出强调两种方法都能完成任务，但有不同的效果。

接下来，请生产大壮继续和我们分享一个在实际工作场景下利用"方法、技巧、措施"萃取知识的案例。

案例　建筑施工现场扬尘防治措施

建筑施工现场扬尘防治

工作场景：建筑施工现场扬尘防治

为积极响应国家打好蓝天保卫战的号召，全国各省市摸索出建筑施工现场扬尘防治的方法和措施，今天就和大家一起分享如何防治。

扬尘防治的三个措施：

- ✓ **措施1：冲洗出入车辆**。在建筑工程出入口处设置成套冲洗设施，严禁出入车辆未冲洗干净出场。
- ✓ **措施2：围挡施工现场**。在建工程围挡严格按照标准执行，特别注意砖砌实体且高度不低于2米。
- ✓ **措施3：裸土全覆盖**。裸露场地采用绿色防尘网覆盖，达到不产生扬尘的覆盖标准。对闲置6个月以上的现场空地进行简易绿化处理，如种植草皮等。

（4）显性技能与隐性技能

大家注意到没有无论是"把大象塞冰箱""制作宫保鸡丁"还是"有限空间安全作业三步走""建筑施工现场扬尘防治"等案例，提炼萃取的无论是流程步骤还是方法技巧都有一个"看得见、摸得着"的共同特征，这也叫做"显性技能"。因为有明确的操作对象或操作流程，显性技能是比较好萃取的。

与显性技能相对比的，就是隐性技能了。顾名思义，隐性技能就是表面上不容易看到，甚至完全看不出任何技能，但很多疑难问题就被有经验的业务专家们悄无声息地解决了。这些隐性技能是难以观察的，但恰恰是解决问题最有价值、最核心的要素。我们看看生产大壮有什么"看不见、摸不着"的隐性技能。

案例　听出汽车发动机故障

通过听判断汽车发动机

工作场景：通过"听"声音判断汽车发动机的好坏

媳妇要买一辆新车，提车的时候当然要大壮我随行了。汽车最重要的组成部分之一就是发动机，所以购买新车时检查发动机的质量就是首要任务了。

悄无声息地判断发动机质量：

在检查第一辆车的时候我媳妇说："这车真漂亮，发动机的声音也很小。"可是我却听出了问题。知道我是怎么判断的吗？

判断秘籍：发动机性能的好坏是不能通过声音大小来判断的。对于一些好车来说，自身性能比较好，但发动机的声音也有可能比较大，它们很有可能经过了特殊的调置故意放大了发动机的声音。当然当发动机自身性能不是很好时，也能将发动机的隔音效果做得比较好。

- ✓ **秘籍1：**在启动发动机后，听声音是否连续没有杂音，尤其是一些碰撞的声音以及"突突"声，如果有这些声音就说明发动机存在一些缺陷，起码不是特别完美。
- ✓ **秘籍2：**将汽车油门从小到大逐渐变化，油门在变化的同时发动

> 机的声音也随之变化，这时候听发动机的声音是否有不和谐的响声，以此来判断一款发动机的好坏。

在不打开汽车引擎盖，看不到发动机的前提下，大壮通过听就能判断发动机性能好坏的经验就是隐性技能了。如果不是为了让媳妇信服，大壮也不一定有机会或有意识将他的独门秘籍总结并表达出来。相比显性技能，这些隐性技能提炼萃取的难度大很多，但其价值也更大。

接下来，我们学习一下销售大金有什么隐性技能经验值得学习。

案例　销售促单三秘籍

卖房促单秘籍

工作场景：售楼处卖房子

自从新楼盘开始销售以来，大金的销售业绩始终遥遥领先，新入职的小伙伴怎么也看不出大金的成交秘诀，都是在现场与客户交流，怎么大金就能卖出那么多套房呢？

"隐性"促单法发挥大作用

秘籍1：引导促单法

在了解客户需求后，创造情景引导客户想象成单后的场景。比如引导客户"从要不要买转变为买两室一厅还是买三室一厅"，或者考虑"买低楼层还是高楼层"。

秘籍2：利益促单法

描述产品价值或受益情况。比如说"新楼盘周边的配套设施规划得特别健全，有大型的商业综合体，有重点学校分校区，有三甲医院，未来两年内还会建地铁站。"这些购买后的利益被大金毫无悬念地抛了出来。

> **秘籍3**：案例促单法
>
> 引用其他客户案例，积极影响客户心理。当客户犹豫时，告诉客户"影视明星×××也在这个小区买了一套""不瞒您说，我给父母在这个楼盘也买了一套呢"，连销售顾问都为家人下单了，可见这楼盘有多抢手。

大金要不是主动介绍他的销售技巧，只看见他在销售现场不停地接待顾客，不停地听他在销售现场的语言交流，听不出门道的小白就彻底晕乎了。

（5）技能型知识萃取工具

通过以上内容的讲解，我们了解了技能型内容萃取又可细分成流程步骤类和方法技巧类，也知道了显性技能和隐性技能的区分。了解了这些，如果再有一个工具辅助提炼萃取经验，就更能得心应手了。下面这个工具就能满足你的需求，沿着不同的维度，从不同的关键词着手，拆解每一个流程步骤或者方法措施，分条目罗列知识点。（如表2-3所示）

表2-3　技能型内容萃取工具

拆解		萃取维度
流程/步骤 方法/措施/技巧	动作	描述具体做法，采用动宾结构，遵循SMART原则
	问题	新手经常遇到的问题，包括难点/易错点/误区点/易忽略点
	原因	解释发生该动作的原因，问题产生的原因
	要点	动作的关键要素、关键环节
	注意事项	在做动作时需要特别注意的，避免犯错

💡 **温馨提示**：在使用该工具进行技能型内容萃取时需要注意，在实际课程开发中不一定每一个步骤或方法下都要完全依据工具中的五个要素展开，根据实际情况灵活把握。

我们还以"制作宫保鸡丁"为例，HR 小美介绍了制作流程、技术老研讲解了烹饪技巧，好像都没问题，但又感觉哪里不对。接下来结合这个案例试试这个技能型知识萃取工具，看看萃取效果如何。

⭐ **案例　制作宫保鸡丁**

表2-4　技能型内容萃取工具——"制作宫保鸡丁"案例

拆解		萃取维度
步骤1 准备主料	动作	准备三种主料：鸡胸肉、葱白和花生米，分别进行简单处理，将鸡胸切丁炒至八成熟，葱白切段，将花生米炒熟备用。
	问题	新手会直接炒制鸡丁，导致菜品出锅后鸡肉不入味。
	原因	因为鸡丁的颗粒比较大不容易入味，甚至产生荤腥味道。
	要点	鸡肉提前腌制更入味。鸡肉放入料酒、酱油、胡椒粉、食盐等抓拌均匀，朝着一个方向搅拌，使料汁充分吸收。
	注意事项	注意在腌制鸡肉时最后环节放入淀粉抓拌均匀，这样有助于锁住鸡肉的味道。
步骤2 准备辅料	动作	准备干辣椒、青花椒、蒜末、姜、盐、老抽、料酒、白糖、香油等辅料。
	问题	如果那么多辅料在烹制过程中一样一样分别添加进去，容易导致最后出锅的鸡肉口感变老。
	原因	因为在分别添加会占用很多时间。
	要点	提前调汁缩短烹制时间，保障菜品更鲜嫩。为了保持更鲜嫩的口感，可以提前调汁，将料酒、酱油、白胡椒、白糖、水、淀粉等放入碗中搅拌均匀以备使用。
	注意事项	注意，按照2勺白水、2勺料酒、1勺酱油的比例进行调配。
步骤3 翻炒出锅	动作	热锅放干辣椒和青花椒炒香，分别倒入八成熟鸡丁、炒熟的花生米，切段的葱白，不停翻炒。然后放入食用盐、老抽、料酒、白糖、香油等辅料，翻炒出锅。

续表

拆解	萃取维度	
	问题	辣味的口感容易出现问题。对于标准口味的人过辣，或者对于嗜辣的人感觉辣度不够。
	原因	因为每个人的饮食习惯不一样，干辣椒的种类也不一样。
	要点	干辣椒是制作宫保鸡丁必不可少的辅料，它有两个作用： 作用1是提香增色。选用不辣的干辣椒，比如"二荆条"，主要是提香提色。 作用2是提升辣度。如果喜欢辣的可以额外再搭配一些，比如"野山辣椒"。 需要提前了解各种干辣椒的属性。
	注意事项	根据食客的需求，合理搭配两种干辣椒的比例。

HR小美和技术老研都拿手的宫保鸡丁，通过萃取工具的梳理，能将流程和技巧等知识有机地组合在一起，完全不矛盾，描述得既详实又可操作。

这个工具适用于显性技能的提炼，同样也适用于隐形技能的萃取。有了这个工具，在提炼萃取技能型知识时就能描述得更详细、更具体，让学习者根据课程内容达到能操作的培训目标。

点破误区

误区1：使用工具时机械罗列萃取要素。

对于技能型知识的萃取，在工具中给出了动作、问题、原因、要点、注意事项等五个关键词，这些维度是围绕着一个步骤，或者围绕一个关键动作展开的，在这里的步骤或者要点是一个小微场景，围绕着这个微场景下的问题、原因、要点、注意事项等能将知识有机的组合起来。以下是**错误的示范：**

步骤	1. 准备三种主料； 2. 准备辅料； 3. 翻炒出锅。
要点	1. 鸡肉提前腌制； 2. 提前调汁； 3. 了解各种干辣椒的特性。
注意事项	1. 在腌制鸡肉时放入淀粉抓拌均匀，有助于锁住鸡肉味道； 2. 按照2勺白水、2勺料酒、1勺酱油的比例进行调配； 3. 根据食客需求，合理搭配两种干辣椒的比例。

如果分别机械地罗列步骤、要点、注意事项，就像错误示范中所示，先罗列所有的步骤，然后再罗列所有的要点等，所有知识点堆砌到一起是不友好的。对于学习者而言不知道要点是针对哪个步骤，也不知道注意事项是针对哪个步骤。虽然提炼萃取了知识，但没有按照微场景组合知识，课程没有讲明白，学习者也看不懂学不会。

误区2：流程步骤类知识=时间先后

销售在开发课程"萃取top1柜姐卖口红的成功经验"，一开始给出的步骤是：

✓ 步骤1：询问顾客需要

✓ 步骤2：推荐相关产品

✓ 步骤3：答疑交流

✓ 步骤3：开票成交

分析：基于流程萃取成功经验是没有问题的，虽然这四步确实符合动作发生的时间顺序，但这些动作执行后不一定能达成目标，即使一次成交了，也不能保证不同层次水平的销售每次都能成功。这说明事件虽然按照时间先后发生，但干货不是步骤，提炼的干货更应该是沿着时间顺序后每一步骤的方法技巧。

> 因此按照时间发生顺序展开，调整干货内容为：
>
> 步骤1：投其所好，问需求
>
> 步骤2：以心换心，推荐产品
>
> 步骤3：双向交流，答疑解惑
>
> 步骤4：热情肯定，成交开票
>
> 这么调整后，它比之前的步骤在操作时更细化，更有针对性，更有利于解决问题。

3.态度型内容萃取

态度型知识

> **态度型**
>
> 态度是个体对特定对象比如人、观念、情感或者事件等，所持有的心理倾向。这种心理倾向蕴含着个体的主观评价以及由此产生的行为倾向性。
>
> 这里的态度型知识是KSA中的A（Attitude）。知识型知识回答是什么，技能型知识回答怎么做，两项知识合在一起回答"能不能做"，而态度型知识回答"愿不愿意做"。

维琴尼亚·萨提亚（Virginia Satir）是具有影响力的心理治疗大师。她提出了著名的冰山理论，实际上是一个隐喻，它指一个人的"自我"就像漂浮在水面上的巨大冰山，能够被外界看到的行为表现，只是露在水面上很小的一部分，大约只有八分之一露出水面，另外的八分之七藏在水底。而暗涌在水面之下更大的山体，则是长期压抑并被我们忽略的"内在"。揭开冰山的秘密，我们会看到生命中的渴望、期待、观点和感受，看到真正的自我。

冰山上映射到工作场景中体现出来的就是"做了什么""能不能做"的知识与技能，冰山下映射的就是"愿不愿意、喜欢不喜欢"的态度问题了。态度对一个人在工作上的表现是否真的有影响呢？跟随HR小美我们一起体会一下"欣姐的温馨服务"。

案例　我是企业女主人

我是企业女主人

现在"我是企业的女主人"

公司规定早上8点上班，50多岁的保洁员欣姐7点半早早来到办公区，为今天参会人员准备现磨的咖啡，小美作为这场培训学习的组织负责人也提前赶到公司。

小美："欣姐，您来这么早啊，还提前给大家准备现磨的咖啡，真是太体贴了。"

欣姐愉快地回答到："你们安心学习，茶水间的事儿交给我。哦，对了，今天培训开始得早，估计姑娘小伙儿们来不及吃早点呢，又累脑子，我昨天向办公室主任申请会场休息时多准备一些小点心，主任痛快地答应了。"

小美："欣姐想得太周到了，比心！"

过去"当一天和尚撞一天钟"

大家可别以为原来的欣姐也是这样的，她原来是当一天和尚撞一天钟，上下班卡点，做好分内工作就不错了。

> **到底发生了什么，让欣姐发生这么大转变？**
>
> 去年欣姐的丈夫不幸发生车祸，肇事司机逃逸，所有的生活重担压在她一人身上。束手无策的欣姐没想到企业领导得知消息后，带头找到肇事者，还发动工会为她提供了非常多的帮助。作为一名普通的保洁人员，这些都是欣姐万万没想到的，从此以后她彻底把"心"交给了组织。

这不是一个故事，它真实发生在一家年产值300多亿元的畜牧业企业。在为这家企业做赋能培训时，保洁人员欣姐忙前忙后地为大家创造温馨的工作环境，人力资源负责人感慨万千地讲述了事情的来龙去脉。

在这个温馨时刻，我们总结一下欣姐在工作上都有哪些态度的转变：

- ✓ 首先是"态度"，愉快的工作态度，在严格遵守单位规则制度的同时，既敬业又乐业；
- ✓ 其次是"道德"，提前半小时就上班到岗，欣姐在忠于职守的基础上，更加乐于奉献；
- ✓ 最后是"价值观"，作为一名保洁人员，心系更多人能够在和谐、友好、关爱的环境下工作，将工作单位的人际关系看得非常重要。甚至主动向办公室主任申请为参会人员准备茶点，踊跃创新，让参会人员的工作环境更加丰富多彩，有人情味。

所有冰山上"行为"的转变，都是冰山下"态度"所起的作用，这些都是欣姐"愿意做""喜欢做"的事情。

如果只描述冰山下"敬业、乐于奉献、重视人际关系"等态度，不好理解也不容易被人信服。学习内容通俗易懂，被更多学习者理解甚至学会怎么做，始终是企业培训人的工作目标，所以在描述不易理解、不好呈现的态度类知识时转化为可见、可落地的具体行为更有培训价值。

态度型知识包括态度、道德、价值观三个维度。如何将态度型知识转化为三个维度的具体行为，从学习者容易理解的角度，做到可操作、可落地？在这一章节我们重点介绍如何在实际工作场景下提炼萃取"态度型"知识。

（1）态度行为的萃取

认识态度

> **态度**
>
> 态度的定义最早是由斯宾塞和贝因（1862年）提出，认为态度是一种先有主见，是把判断和思考引导到一定方向的先有观念和倾向，即心理准备。

一个人对态度对象带有评价意义的叙述，包括对对象的认识、理解、相信、怀疑以及赞成和反对；对态度对象的情感体验，如尊敬—蔑视、同情—冷漠、喜欢—厌恶等；对态度对象的反应倾向或行为的准备状态，也就是准备对态度对象做出何种反映。

上面这段对态度的定义与解释好像不太容易理解，我们换一种方式叙述。以下以下这些发自灵魂的拷问，你能如实回答吗？

- ✓ 你的工作上级是销售大金，你觉得大金人品怎样？你喜欢他吗？愿意和他一起去拜访客户吗？可以使用尊敬/蔑视、同情/冷漠、喜欢/厌恶等表达你的感受。

或许你的回答是：

- ✓ "大金销售能力强，还特别有责任感，在我刚入职的那一段时间，他毫无保留地告诉我各种销售技巧。我愿意向他学习，愿意和大金一起去拜访客户。"

- ✓ "大金销售能力虽然不赖,但是他总是防着我,遇到与关键客户商谈时就把我支走,这领导格局有点小,鄙视他无悬念。"

态度的内容范围很广,但只有工作态度会影响到工作行为,工作态度决定了职业态度,职业态度又决定职业生涯。所以接下来我们围绕工作态度展开讨论。

工作态度的范围:包括工作的认真度、责任度、努力程度等。比如:

- ✓ 要有敬业而且乐业的精神;
- ✓ 不管面对怎样的挫折,都始终保持积极进取的工作态度;
- ✓ 严格遵守单位的规章制度;
- ✓ 及时调整个人情绪,使之不会影响日常工作;
- ✓ 不管你有多大困难,考虑问题时都应先从工作的角度出发。

这些态度读出来不难,但读懂也不容易。接下来以"敬业而且乐业"的工作态度,结合实际工作场景,通过不同岗位以及完成工作任务时具体行为上的表现,将工作态度描述出来。

案例　敬业精神

风雨中的美丽

作为总部培训负责人,小美组织了一期"关键岗位经验萃取"的培训,可是今天早上却像一只落汤鸡一样出现在培训现场。当大家问及原因时,她回答:"这大暴雨下得太猛了,从地铁站出来发现我的小伞根本抵挡不住。可是想到参训人员从外地十几个省市赶过来,积极踊跃地参加总部组织的学习,作为组织负责人我也顾不上美丽的形象了,毅然地冲进暴雨中,嘿嘿,所以淋成了这幅狼狈模样。"

被误会受委屈

今天被一个客户投诉到公司，呜……说我是骗子，原因是他购买的高配版的汽车发现真皮座椅仅座垫及靠背采用了真皮，侧面不是。也怪我没有解释清楚，被投诉是小，让客户对汽车品牌产生质疑就不好了。所以，后来我主动给客户打电话解释："考虑到实际使用需要，座椅侧面因为接触少所以不必采用真皮，但直接接触的地方采用的却是指定牧场的黄牛皮，并且使用的是非主流顶级豪华车采用的制作工艺。把客户的钱花在刀刃上，让汽车的性价比达到最优。"听完我的解释，客户表示理解的同时还撤销了对我的投诉，没有给汽车品牌损失声誉，我的委屈也烟消云散啦。

通过以上两个案例，我们完全能看出HR小美和销售大金在各自的工作岗位上非常敬业，即使遇到困难与委屈，也始终保持积极的工作态度，从工作角度出发，及时调整自己的情绪。因为有了具体的工作场景和行为表现，所以就很容易描述态度了。

（2）道德行为的萃取

认识道德

道德

道德是通过行为规范和伦理教化来调整个人之间、个人与社会之间关系的意识形态，是以善恶评价的方式调整人与社会相互关系的准则、标准和规范。

道德规范的调控作用几乎体现在人们的所有活动领域，既体现在日常生活中，也体现在有组织的社会活动中。比如婚姻家庭道德、社会公德、职业道德、自然道德等。

从工作的范畴上，组织向组织成员发布应该做什么、不应该做什么，及工作道德范围主要体现为：

- ✓ 忠于职守，乐于奉献；
- ✓ 实事求是；
- ✓ 依法行事，严守秘密；
- ✓ 公正透明，服务社会等。

我们以"依法行事，严守秘密"为例，分析一下在工作场景中会有哪些行为涉及这一套"道德"规范。

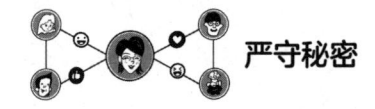

探讨时间

严守秘密

阿文老师：大金，你怕不怕你的团队被"挖墙脚"？

销售大金：当然怕了，干销售工作，特别是销售总监，一旦被挖走，可不只是一个人，还有他带走的一票客户资源啊，对于公司的损失是无法估计的。

阿文老师：再来采访下老严，你们在研究产品核心技术，开发核心功能时为什么总是搞封闭式开发呢？

技术老研：怕泄密呀，您是不知道，像我们这种国家级别的重点实验室，在工作场所即使是两个部门之间都不能传递任何信息。更严重的，在实验室周边还发现过其他国家的间谍呢，我们为了保密工作经常搞封闭式开发。

生产大壮：我们生产车间是"闲人免进"的，涉密车间更是连带拍照功能的手机也不允许带入的。

阿文老师：以上这些充分说明，在知识和技能要求的基础上，作为员工遵守职业道德是非常重要的，它渗入各个岗位的具体要求中，需要大家共同努力培养新社会高价值的新员工。

通过这一组对话，我们深刻体会到组织与企业对员工职业道德的要求，以及员工需要遵守的职业道德规范。

下面结合"保守秘密"这一条职业道德，在具体工作场景"投标人取得招标文件后，参与投标工作过程中"需要保守的道德规范，是如何体现在具体行为上的。

案例　保守秘密

保守秘密

工作场景

投标人取得招标文件后，参与投标工作过程中需要保守秘密。

具体行为

行为1：不透露信息

✓ 不透露招标公司的内部信息，不透露给任何竞争性企业及无关人员。
- ✓ 不将投标过程中的审查、澄清、评审，以及最终结果等一切情况，透露给任一投标方或无关的人员。

行为2：妥善保管文件信息

妥善保管招投标文件信息，不得丢失，不得向第三方提供。

行为3：洁身自好，不行贿受贿

不私下接触潜在招投标人，不收受他人财物或其他好处。

（3）价值观行为的萃取

认识价值观

价值观

价值观是基于人的一定的思维感官之上而作出的认知、理解、判断或抉择，也就是人认定事物、辩定是非的一种思维或取向，从而体现出人、事、物一定的价值或作用，价值观对动机有导向的作用。

职业价值观指人生目标和人生态度在职业选择方面的具体表现，也就是一个人对职业的认识和态度以及他对职业目标的追求和向往。价值观测评会有助于职业决策和提高工作满意度。包含的范围：

- ✓ 自我成长。工作能够给予受培训和锻炼的机会，使自己的经验与阅历能够在一定的时间内得以丰富和提高。
- ✓ 人际关系。将工作单位的人际关系看得非常重要，渴望能够在一个和谐、友好甚至被关爱的环境工作。
- ✓ 追求新意。希望工作的内容经常变换，使工作和生活显得丰富多彩，不单调枯燥。

我们以"价值观——创新思维"为例,分析它的关键行为:创新思维是指关注身边的新技术、新方法和新事物,挑战传统的工作方式,推陈出新,在服务、技术、产品和管理等方面追求卓越,进行突破性创新的行为特征。了解了创新思维的关键行为,结合具体的工作场景,看看是如何体现的。

价值观——创新思维

工作场景

国家重点实验室科研机构中,科研人员挑战传统技术,不断推陈出新,在技术上追求卓越领先。

具体行为

行为1:挑战现状

✓ 不断对现有事物提出问题,挑战传统的工作方法和思维方式。

✓ 对本职工作的改善有自己的见解,不断引入其他领域的观念和方法来指导工作。

行为2:推陈出新

✓ 尝试新的理论,而且通过自己的判断进行合理使用,降低风险。

✓ 改进现有的方案,找到更好更有效的工作方式或产品。

到这里,我们就介绍完态度型内容的提炼萃取与描述了。态度型知识属于冰山下的潜在素质,包括态度、道德、价值观三个维度。态度型知识是人的内驱力与动机,对绩效起到更大的决定作用。作为态度型课程开发与内容萃取是非常必要的,但因为更抽象、更隐蔽,所以需要结合工作场景和具体行为来描述,让培训效果更具落地性。

点破误区

误区1：直接拷贝书本化

在协助各企业进行内容建设，经常遇到一些"搬砖"的内训师，他们或因工作压力大或在态度上没有完全重视课程开发工作或缺少实际的工作经验，所以课程开发内容直接找网络、找教材，套用现有学科框架，把相关理论、方法整合在一起，表面上看起来理论、原理完整，但是欠缺实际的方法、案例或工具，也不契合企业开发独属的培训内容需求，这样的培训内容如同鸡肋一般，谨慎开发。

误区2：个性化案例广传播

专专家把个人成功和失败的案例直接分享给学习者，这种案例的真实感很强，对学习者也有启发，但是有些方法可能需要特定资源、背景和条件，学习者如果不具备就无法借鉴。个性化方法可能缺乏系统性思考，无法适应标准的工作场景，所以需要作出客观评价，后期做脱敏处理，提炼出共性知识供学习者参考。

本章重点介绍了基于问题解决萃取知识与基于场景拆解KSA的两种萃取路径，以及分别对知识、技能、态度三种类型知识的萃取方法。知识萃取是课程开发工作中非常重要的一个环节，在萃取过程中一定尊重实际的工作场景、遇到的工作问题，将培训内容有针对性的提炼萃取出来。

从企业与组织课程开发以及内容建设长期考虑，萃取内容是在打地基阶段。前期萃取出的内容就像一块一块的砖，有红砖也有青砖，代表着不同场景下的知识、技能、态度，等到课程开发与内容建设时，就有条件盖成完整的漂亮的房子了。

萃取的成果物要做到"有干货"，也就是萃取出的知识要有针对性、有价值、可复制；同时要"有成果"，也就是要有理论、方法、范例，这样学习者在学习时才能学得会、有收获。

到这里我们就介绍完了本章内容"内容萃取干货满"，接下来一章介绍课程开发"内容萃取"后的下一个阶段"教学设计"。

第三章　套：教学设计套路选

汇报工作——"裹脚布"

技术老研：小美，刚才看你被领导拉"小黑屋"谈话，被批评了？

HR小美：领导批评我汇报工作太罗唆。因为这次要引进一位重量级的公司高管，最后一次面试需要其他几位高管同时面试，但是候选人时间有变，我得逐一跟各位面试官再约时间。我是这么汇报的：

> 领导，刚才面试候选人陈小面给我发微信说临时有事，今天下午已经约定好的面试不能来了，请求改个时间。我赶紧跟各种面试官们挨个汇报了这个情况并且再约时间。主面试官说明天也行，但是要在11点之后，可人资经理明天晚上才出差回来。我又看了眼会议室，明天全满，后天能约到……（15分钟过去了）。

汇报完，领导批评我说话像旧社会老太太的裹脚布又臭又长。可是我进行了详细汇报，他为什么不满意啊？

> 说实话，我听了好久都没听到重点。如果是我一分钟就能搞定——先汇报结果，再汇报原因。汇报如下：
>
> 领导，面试调整了时间，将原定今天下午的面试改到后天（本周四）上午11点。原因如下：
> 1. 候选人陈小面临时有事；
> 2. 刘总和张经理时间可以；
> 3. 会议室可约。

（技术老研）

HR小美的详细汇报固然没错，只是她忘记了职场人士的时间都非常宝贵，进行详细汇报也需要有重点、讲策略。技术老研的表达更加清晰，不愧是逻辑严谨的研发人员。在这个场景中技术老研的策略是先说出结论，再罗列该结论的支撑原因或内容要点，如果领导对某一内容感兴趣甚至很关注，领导会在了解结论的前提下有重点地展开询问，这时再有针对性地回答就恰到好处了。

在技术老研的汇报中使用了经典的"金字塔原理"，无论在汇报工作还是在课程开发中，使用金字塔原理描述的观点重点突出、逻辑清晰、主次分明，让论述更加连贯、通透。

在前面的章节中，我们陆续介绍了课程的选题、内容萃取，在这一章我们重点介绍课程的教学设计。就要将前期已经准备的内容完整地呈现出来，把这些知识包装成课程，有命名、课程目标、课程内容等；为了引起学习兴趣，我们还需要将工作场景中遇到的困难、问题摆出来，以引起重视；在课程结尾的时候抓住最后的机会再次强调重点内容以加强记忆。让课程不仅有干货、有内容满足学习者的学习需要，甚至包装成讨喜的形象让学习者爱上它。

在进行教学设计中，首要任务就是解决内容的逻辑呈现，只有条理清晰的知识才容易被学习者记住。"金字塔原理"很好地解决了这个问题，所以在这一章我们首先介绍金字塔原理是什么，以及如何将其有效地运用到课程开

发中。(如图2-4所示)

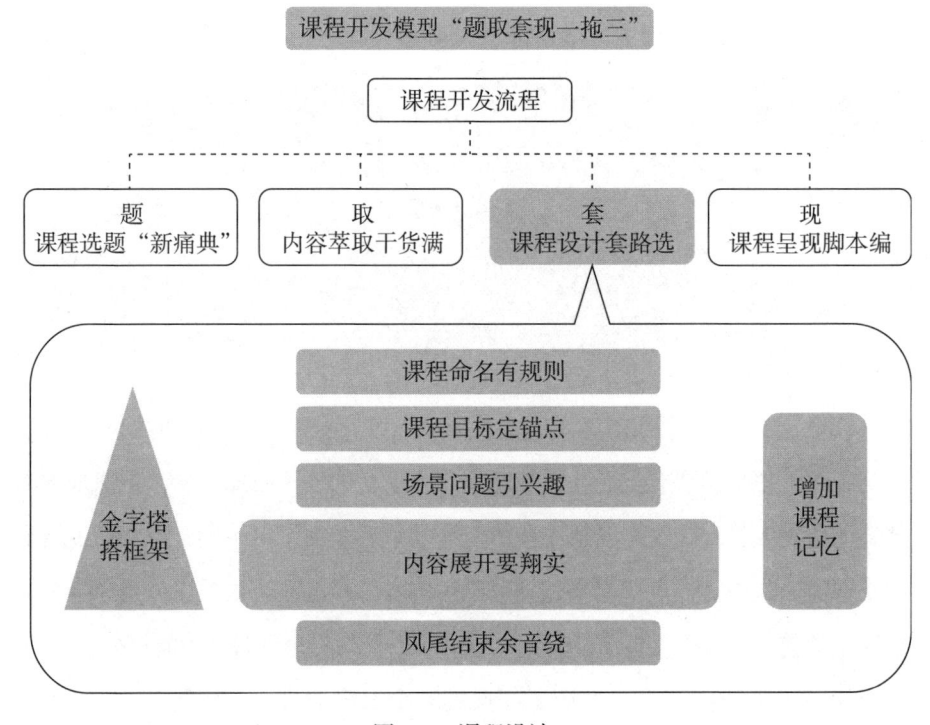

```
         课程开发模型"题取套现一拖三"
                    │
              课程开发流程
    ┌───────┬───────┼───────┬───────┐
    题              取              套              现
课程选题"新痛典"  内容萃取干货满  课程设计套路选   课程呈现脚本编
```

```
                  课程命名有规则
                  课程目标定锚点
   金字塔          场景问题引兴趣         增加
   搭框架                                课程
                  内容展开要翔实         记忆
                  凤尾结束余音绕
```

图 2-4　课程设计

第一节　金字塔：规划课程框架

1.金字塔原理

金字塔原理

金字塔原理简单的表述为，任何事情都可以归纳出一个中心论点，而此中心论点可以由3～7个论据支持，这些一级论据本身也可以是一个论点，再被3～7个二级论据支持，如此延伸，形状如金字塔，逻辑严谨，层次清晰。（如图2-5所示）

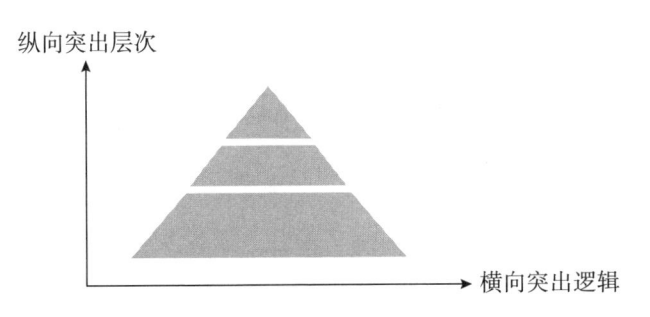

图2-5 金字塔原理

金字塔每一层的支持论据，既要彼此相互独立不重叠，又要合并在一起既不冗余也不遗漏。不冗余、不重叠才能不做无用功，不遗漏才不耽误事情。

金字塔原理具有几个鲜明的特点。

- ✓ 特点1：结论先行。将核心理念放置在最前面，先呈现最重要的内容，然后再依次呈现次要内容。任何一次汇报工作、语言交流、撰写文章等，只有一个核心结论，并且将核心结论放置在最前面，在最短时间内让听众领悟你想传递的信息。
- ✓ 特点2：以上统下。自上而下的表达，上一级是下一级的总结、概括，下一级是上一级的解释和支持。
- ✓ 特点3：分类汇总。具有共同点的事物进行归类分组，每一层的比较是在一个逻辑范畴内，同时组内的成员又是相互独立。比如"东、西、南、北"都是"方向"范畴之内，又彼此独立。比如"春、夏、秋、冬"都是"季节"范畴之内，也是彼此独立。
- ✓ 特点4：逻辑递进。使用上下级的框架结构，通过先呈现结果后展示过程的形式，比如"人"分为"男人、女人"两类，其中"男人"又可分为"小男孩、小伙子、中年男性、老年人"等不同年龄段。逻辑递进的表达方式让表达逻辑、思考逻辑、解决问题的逻辑更加清晰，层层递进。

接下来，我们再引入另外一个非常重要的思维方式："Why/What/How"。

为什么/是什么/怎么做（Why/What/How）

> **为什么/是什么/怎么做**
>
> "Why/What/How"是人类对整个世界探索的一般思维过程和方式，是心理学中问题的解决过程，Why（为什么）、What（是什么）、How（怎么做），在这里简称3W，被企业管理等行业广泛应用。

介绍了"金字塔原理"和"Why/What/How"的基本概念，如果把两者结合起来使用，会有一股神奇的作用发生。

"把大象装冰箱"这个话题受到各个阶层人士的喜欢，我们就以它为例，结合金字塔原理和3W，分析一下"把大象装冰箱"为什么如此受关注？

在这个案例中，"把大象装冰箱"受关注的论点按金字塔层级描述，由若干主题和若干子主题Why/What/How组成，每一层级按照3W继续深化展开。

案例分析如下：三个原因回答了为什么（Why）"把大象装冰箱"受关注。（如图2-6所示）

原因1：基层民众，娱乐消遣。

作为普通百姓，之所以喜欢这个话题的原因是在春晚小品上作为脑筋

```
                    "大象装冰箱"受关注
                       (Why)为什么
        ┌──────────────────┼──────────────────┐
    原因1              原因2              原因3
   基层民众          中层成功企业家        高层财务圈人士
   娱乐消遣         体现能力和智慧         作为暗喻
   (How)怎么做       (How)怎么做         (What)是什么
   ┌──────┬──────┐        │                  │
如何把大象装冰箱? 如何把长颈鹿装冰箱? 如何加强创新能力?   将大象暗喻成什么?
步骤1 打开冰箱门  步骤1 把冰箱门打开  措施1 营造创新文化  暗喻1 思想启蒙
步骤2 塞大象      步骤2 把大象拿出来  措施2 培养创新人才  暗喻2 杠杆思维
步骤3 关冰箱门    步骤3 把长颈鹿塞进去 措施3 推动开放创新  暗喻3 控股思维
                 步骤4 把冰箱门关上
```

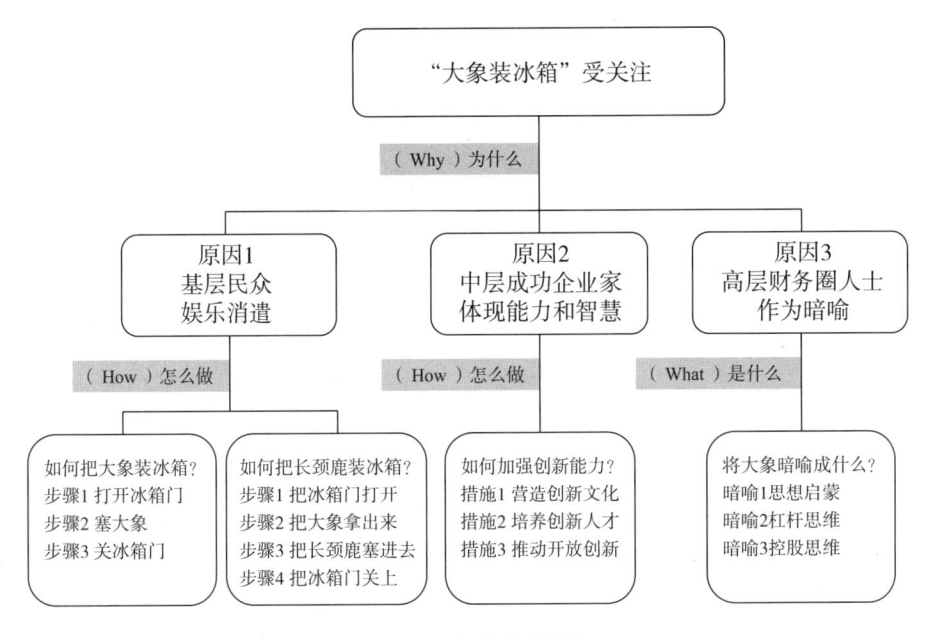

图2-6 "大象装冰箱"

急转弯的娱乐段子。把貌似不可实现的事情，以一种诙谐幽默的方式认真演绎：

◇ 段子1：把大象装进冰箱需要几步，怎么做（How）？答：分三步，第一步把冰箱门打开，第二步把大象塞进去，第三步关上冰箱门。

当观众在娱乐的笑点中还没抽身的时候，紧接着又抛出第二个段子。

◇ 段子2：把长颈鹿放进冰箱需要几步，怎么做（How）？答：分四步，把冰箱门打开，把大象拿出来，把长颈鹿塞进去，把冰箱门关上。

无论是把大象装冰箱，还是把长颈鹿装冰箱，都是回答的怎么做（How）。因为是一个娱乐段子，所以实操性是否能执行就成了笑点。

原因2：中层成功企业家，体现能力和智慧。

中层成功企业家在20世纪90年代，喜欢用这个问题来描述如何将国外先进经验搬到国内，比如在学习先进理论和经验的同时要"加强创新能力"。那么怎么做（How）呢？

- 措施1：营造创新文化。打破传统思维习惯，孕育创新的土壤。
- 措施2：培养创新人才。人才作为创新的核心要素，加强国外高层次创新人才的引进、重视培养青少年的创新精神和创新能力。
- 措施3：推动开放创新。开展全球化布局，吸引海外优秀研发力量，同时兼并、合资、入股国外创新型企业和研发机构，吸收先进创新理念和创新技术。

原因3：高层财富圈人士，作为暗喻。

作为高层的财富圈人士，也有人重新解读了"把大象装冰箱"，暗喻一些思想理念。那暗喻什么呢（What）？

- 暗喻1：思想启蒙。即开始思考如何将一些常人认为不可能的事情变为可能。
- 暗喻2：杠杆思维。如何通过增加杠杆来吃掉一个大象（企业），或者通过大象这个杠杆来扩大冰箱的容积。
- 暗喻3：控股思维。如何通过控股的思维去掌握一个大象（企业）。

"金字塔原理"结合"Why/What/How"的表达方式，把"把大象装冰箱"受关注的话题进行了逐层展开的分析与表述。

2.用金字塔搭建课程框架

（1）按金字塔原理展开课程结构

在课程开发中，我们如何利用金字塔原理规划课程逻辑框架呢？结合工作场景经常遇到的问题，使用"Why/What/How"经常回答如下问题：

Why/What/How 回答什么

> **3W 回答什么?**
>
> **Why 回答为什么**
>
> 工作中遇到了什么问题？为什么要做这件事情？一定要解决吗？很重要吗？这件事做好了有什么价值？如果做不好会出现什么严重的后果？
>
> **What 回答是什么**
>
> 这件事情包含什么？做好后的结果是什么？为做好它需要知道哪些信息？有没有可参考的模型或者样例？有哪些可利用的资源及相关背景知识？
>
> **How 回答怎么做**
>
> 做这件事情有什么可选择的路径、措施、方法、策略、技巧？需要分几个阶段或几个步骤进行？时间节点如何安排？每个步骤的关键动作是什么？

以上仅供参考，需要提醒的是：由于特定的工作任务及场景，需要掌握的知识技能各不相同，在进行课程开发时需要尊重实际情况，灵活套用以上问题的展开方法，避免刻舟求剑、僵化处理。

围绕课程主题与课程目标，形成的金字塔形式如图2-7所示。

了解了金字塔原理的特征，再有Why/What/How加持，接下来在搭建课程框架结构时就可以大显身手了。

以"客户管理"为主题的课程进行框架逻辑的展开，金字塔形式如图2-8所示。

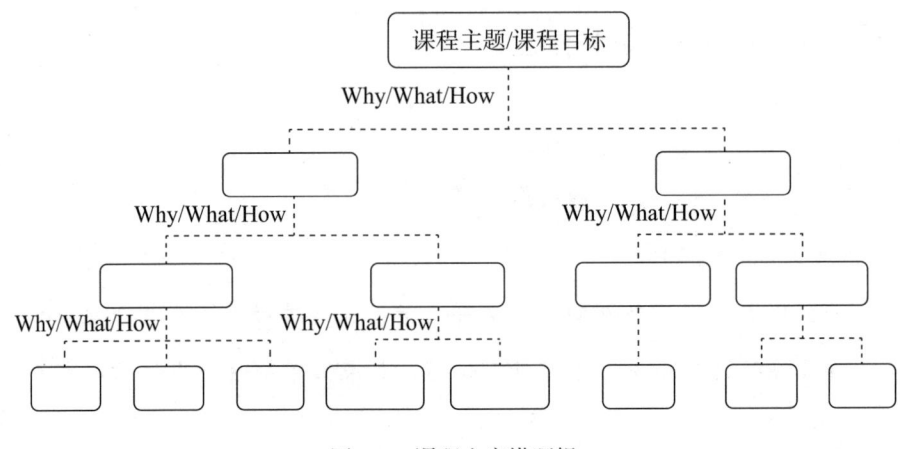

图2-7 课程金字塔逻辑

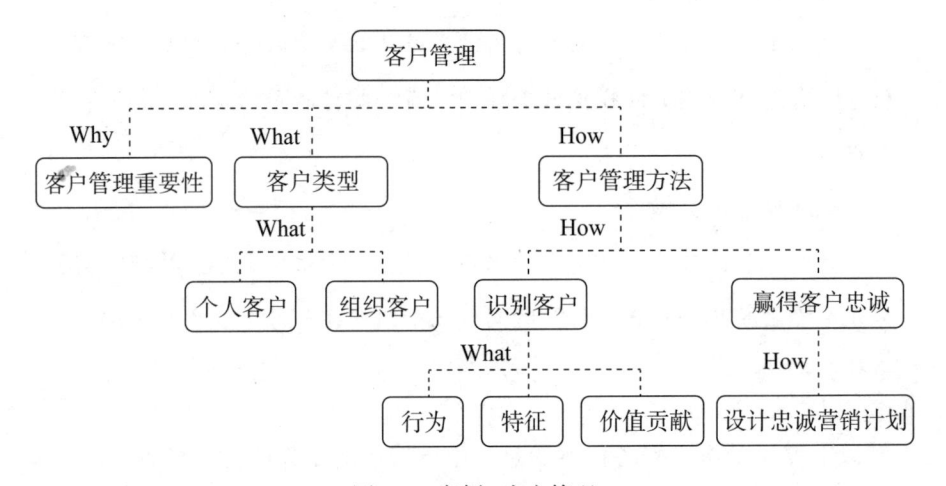

图2-8 案例-客户管理

在"客户管理"这个主题下，通过Why/What/How的组合方式展开了三个子主题：

- ✓ Why为什么："客户管理的重要性"回答为什么要做客户管理这件事。
- ✓ What是什么："客户的类型"回答做好客户管理要如何划分。并且该子主题进行了下一级子主题的划分："个人客户"和"组织客户"。
- ✓ How怎么做："客户管理的方法"回答做好客户管理的方法和策略。

该子主题又进行了下一级的展开：
- Wha是什么："客户行为特征、客户价值贡献、客户个性特征"回答如何进行"客户识别以及分类"。
- What是什么+How怎么做："客户忠诚的四种模式"和"设计忠诚营销计划"的组合方式回答了"赢得客户的忠诚"。

每一主题下可以选择一个W展开，可以使用两个W组合展开，比如Why+What或者How+Why或者What+How，也可以使用三个W同时展开。

结合金字塔原理在搭建课程结构时从纵向和横向两个维度进行考虑。纵向上，上一层是下一层的总结和概况，下一层是上一层的解释和支持。横向上每一层的内容是在一个逻辑范畴内，同时也是相互独立和完全覆盖的。

（2）纵向搭建，突出层级

结合金字塔原理，在搭建课程结构纵向时，重点更加突出，层次更加分明。纵向搭建有两个要点，分别是要点一：结论先行以上统下、要点二：下一级子主题回答上一级主题。

纵向搭建要点1：结论先行，以上统下

纵向搭建——突出层次

结论先行，以上统下：把想表达的观点、结论先说出来，同时上一层的内容必须是对下一层内容的总结概括。

公式=（上一级）观点/结论/主张+（下一级）支持结论的论据/案例/资料/数据。

注意：描述结论需要高度凝练概括。

纵向搭建要点2：下一级子主题回答上一级主题

下一级子主题直接回答上一级主题，上一级主题问是什么？下一级所有子主题都回答是什么？上一级主题问怎么做？下一级所有子主题都回答如何做。

案例　如何说员工才会听

纵向搭建课程框架——如何说员工才会听

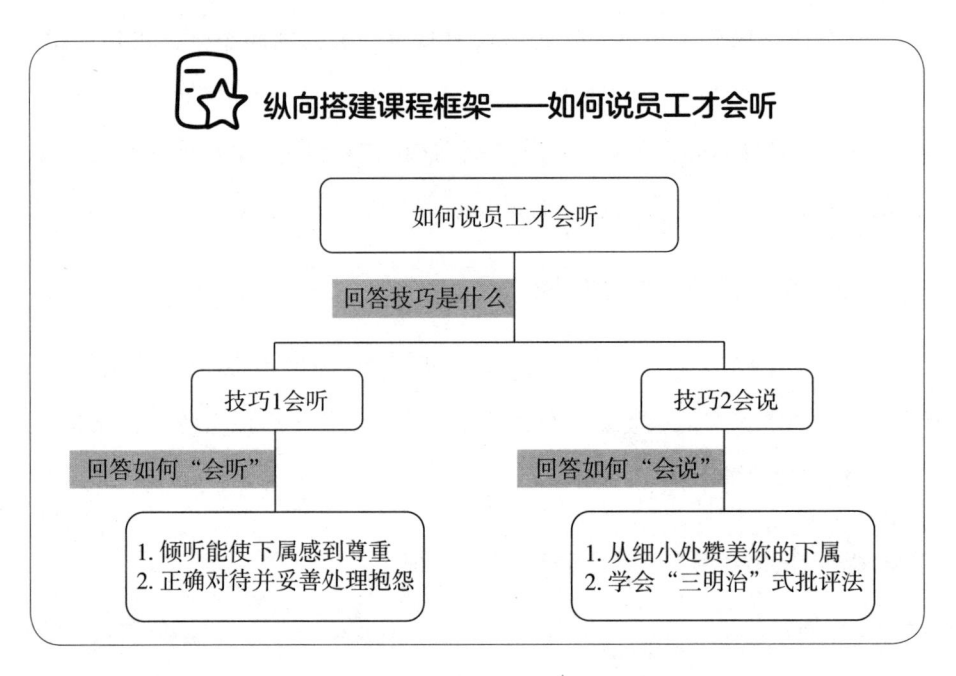

```
            如何说员工才会听
            回答技巧是什么
           ┌──────┴──────┐
       技巧1会听          技巧2会说
      回答如何"会听"      回答如何"会说"
   1.倾听能使下属感到尊重   1.从细小处赞美你的下属
   2.正确对待并妥善处理抱怨  2.学会"三明治"式批评法
```

课程主题是"如何说员工才会听"，下一级子主题回答需要两个技巧，分别是"技巧1　会听""技巧2　会说"。

"技巧1　会听"的下一级子主题又回答了如何"听"。首先回答为什么倾听很重要？因为"倾听能使下属感到尊重"；然后在倾听过程中如何做？"正确对待并妥善处理抱怨"。

"技巧2　会说"的下一级子主题又回答了如何"说"。先会赞美"从细小处赞美你的下属"，再会批评"学会'三明治'式批评法"。

（3）横向搭建，突出逻辑

为了让内容有逻辑，有广度和深度，在搭建课程结构的横向维度时，有两个要点，分别是归类分组、逻辑递进。

横向搭建要点1：归类分组

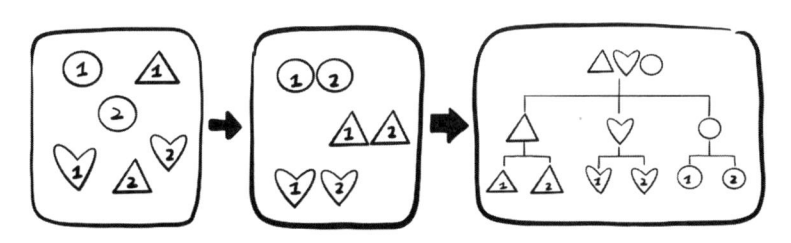

图2-9　归类分组

团建活动中HR小美和销售大金他们分别带了很多小零食和小伙伴们一起分享，我们为这些零食进行一下分类。

探讨时间

"馒头"放在哪一组

HR小美：我这里有樱桃、奶茶、棒棒糖、甜甜圈。

销售大金：我这有可乐、口香糖、薄荷糖，还有老北京小吃驴打滚。

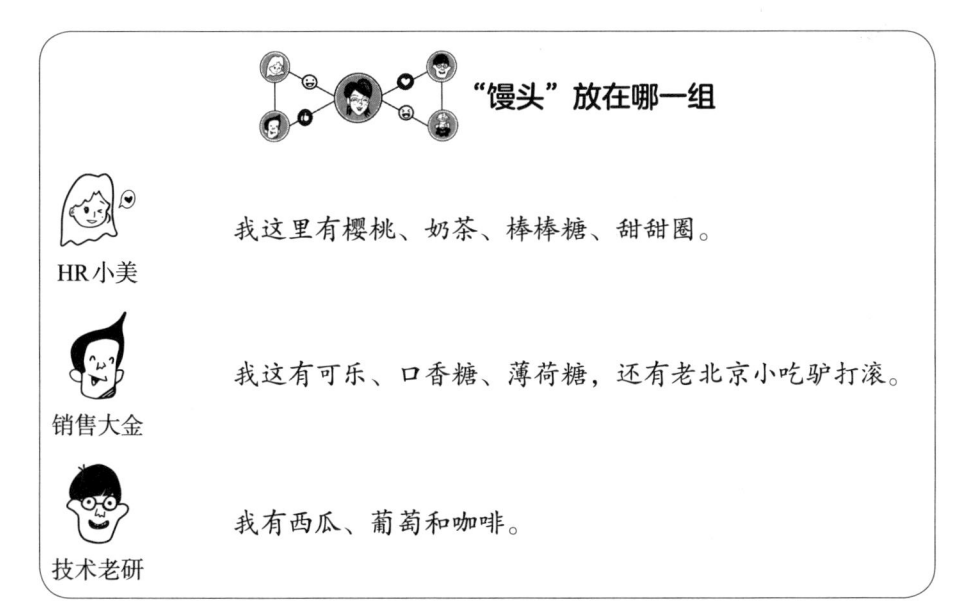

技术老研：我有西瓜、葡萄和咖啡。

生产大壮	嘿嘿，我啥也没有，只有早上吃剩的半个馒头了。
阿文老师	哈哈，馒头也有用处，接下来我们对这些零食进行分类。
生产大壮	我建议分类如下所示。

水果	饮品	糖果	甜点
樱桃	奶茶	棒棒糖	驴打滚
西瓜	可乐	口香糖	甜甜圈
葡萄	咖啡	薄荷糖	馒头

⚠ 注意：大壮把馒头分配到了"甜点"组，是否妥当呢？

通过这个小游戏，我们完成了按属性归类分组的工作，在课程开发中也是一样的操作方法。将找到的素材、萃取的内容，按属性归类分组，横向搭建课程框架。

放错了位置的"宝贝"怎么办？馒头放在"甜点"里总是怪怪的，接下来和大家聊无法归类的内容怎么办？

无法归类的内容

无法归类的内容进行位置上的调整：
✓ 方式1：增加子主题
✓ 方式2：减少子主题

方式1：增加子主题

比如"馒头"无法归类到"水果、饮料、糖果、甜点"里，不属于零食，但属于食物，如果可以将主题扩充为"食物"，那么在"食物"主题下可以增加子主题"主食"，并且将"馒头"放置该子主题下。各种食物的分类就可以调整如表2-5所示。

表2-5 食物归类

食物				
水果	饮品	糖果	甜点	主食
樱桃 西瓜 葡萄	奶茶 可乐 咖啡	棒棒糖 口香糖 薄荷糖	驴打滚 甜甜圈	馒头

注意，增加子主题的前提是这个子主题的内容和其他子主题是有关联的，有必要的，不能"拉郎配"，如果内容上没有联系，加在一起反倒影响了整个课程的逻辑结构。在这个案例中，如果根据实际情况主题不能修改为"食物"，依然是"零食"，那么在"零食"主题下就不能增加"主食"这个子主题了。

接下来，我们分享在编写此书时的一个案例。

案例 课程开发模型

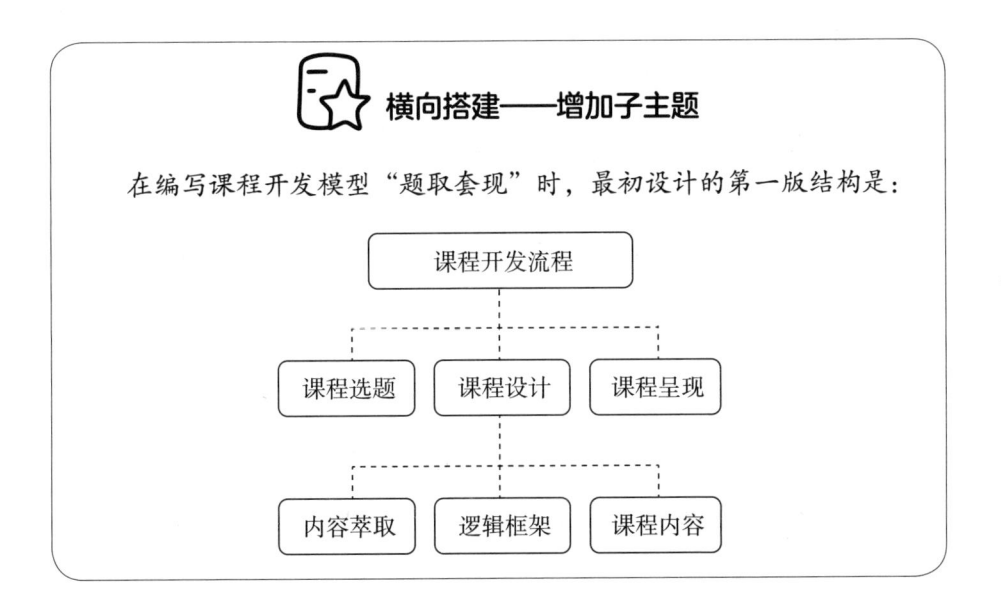

横向搭建——增加子主题

在编写课程开发模型"题取套现"时，最初设计的第一版结构是：

```
                课程开发流程
                     │
        ┌────────────┼────────────┐
     课程选题      课程设计      课程呈现
        │            │            │
     内容萃取      逻辑框架      课程内容
```

课程开发流程三步走：一、课程选题；二、课程设计；三、课程呈现，一共有三个一级子主题。

　　"内容萃取"作为"课程设计"下一级的子主题，但是在实际培训过程中，发现内容萃取是很多人的痛点，甚至很多企业提出将"内容萃取"作为专题模块进行培训。另外，内容萃取也是在课程设计环节前完成的，强把他放在课程设计环节，确实有馒头冒充甜点的嫌疑了。所以该模型的框架进行了第二版的修改：

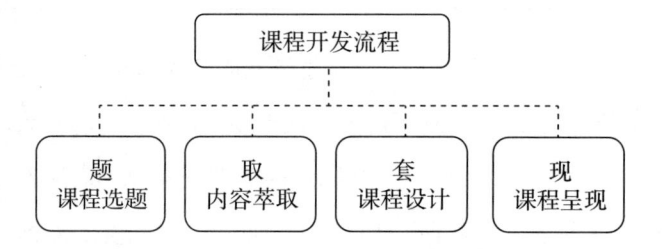

```
                    课程开发流程
        ┌─────────┬─────────┬─────────┐
      题          取         套         现
    课程选题    内容萃取   课程设计   课程呈现
```

　　修改后，将"内容萃取"作为"课程开发流程"的一级子主题，与"课程选题""课程设计"等并列，一共有四个一级子主题。

方式2：减少子主题

　　处理子主题时还有一个高频的操作，就是减少子主题。

　　有一个非常有趣的现象，正在进行课程开发的小伙伴经常舍不得"断舍离"。好不容易收集到相关的课程内容，感觉都很重要，舍不得删除。就像居家过日子的老奶奶，什么都舍不得丢，最终将大房子塞得满满当当。

　　"宝贝"舍不得丢，这一习惯用在学习上可就不适用了。因为人的大脑是"懒"的，太多没有逻辑的知识混淆在一起是不容易被学习者记住的，大脑会"累"，会"罢工"。所以必须忍痛割爱，把不符合逻辑结构、不能回答上一级主题的子主题删减掉。那么如何减少子主题呢？根据实际情况，可以这样做：

✓ 删除：将无关内容的子主题进行彻底删除；
✓ 移位：该子主题不能直接回答上一级主题，但可以归类到其他子主题下时，进行移位。
  ◇ 前移：如果内容是本课程必须了解的，但是又不属于该课程主要学习内容，那么就可以前移，放在课程导入、知识铺垫部分，作为课程的引子或基础内容，而不体现在课程一级、二级主题中。还有一个概念叫做"前知识"，也就是作为这么课程之前应该了解的知识。但是学习者的理论基础不统一，有的具备，有的不具备，"前知识"又不是本门课程的重点内容，所以将这类知识放置到课程的最前端定义为"知识铺垫"，作为该门课程的知识背景介绍。
  ◇ 也可以后挪，作为课后的温馨提示、课程小结、注意事项或者附件等，作为补充资料。

接下来，通过几个案例，在实际需求的情况下，看看它们是如何调整课程结构的。

案例　安全"三宝"很重要

减少子主题——前挪到知识铺垫

课程题目：安全"三宝"很重要

原课程结构：

（情景问题）建筑工人小林，在施工现场因为没有佩戴安全帽，导致被高空坠物严重砸伤。
（课程目录）
一、安全"三宝"是什么
二、安全帽的重要性
三、安全带的重要性
四、安全网的重要性

问题分析

　　这个课程是个小微课,核心内容是"安全'三宝'的重要性",在现有课程大纲中,与"情景问题""安全'三宝'是什么"并列呈现,弱化了课程的核心内容,使得课程不聚焦,重点不突出。建议将"安全'三宝'是什么"作为知识铺垫,而不作为一级主题。

　调整后结构:

（情景问题）建筑工人小林,在施工现场因为没有佩戴安全帽,导致被高空坠物严重砸伤。
（知识铺垫）安全"三宝"是什么
（课程目录）
一、安全帽的重要性
二、安全带的重要性
三、安全网的重要性

　　在这个案例中,删除了"安全'三宝'是什么"一级标题,但内容没有删除,作为知识铺垫出现在课程中。

案例　说服他人的两大法宝

减少子主题——移位

课程题目:说服他人的两大法宝

原课程结构:

（场景问题）公司技术组长小蔡通过授权直接干预生产部门的工作,引起生产同事的不满。
（课程目录）
一、"说服他人"法宝之"说服公式"
二、"说服他人"法宝之"说服急救包"
三、"说服他人"案例分析

> **问题分析：**
> "说服公式"和"说服急救包"可以是"两大法宝"；但案例不是法宝，不能与两个法宝并列。另外，在该课程中，该案例是针对"说服急救包"的应用场景。因此，将"案例分析"移动到"说服他人法宝之说服急救包"的下一层级。
>
> **调整后结构：**
>
> 场景问题：技术组长小蔡通过授权直接干预公司生产部门的工作，引起生产同事的不满。
> （课程目录）
> 一、"说服他人"法宝之"说服公式"
> 二、"说服他人"法宝之"说服急救包"
> 1.巧留余地
> 2.它山之石可以攻玉，求助他人
> 3.学会让步，持之以恒
> 4.说服急救包案例分析

在这个案例中根据内容的独立性和"下一级目录回答上一级标题"的原则进行了调整。

横向搭建要点2：逻辑递进

通过以上介绍我们了解了具有共同点的事物进行归类分组，比如"东、西、南、北"归类分组，同属于"方向"范畴之内；比如"春、夏、秋、冬"归类分组，同属于"季节"范畴之内；再比如"男人、女人"归类分组，同属于"人类性别"范畴之内。以上归类分组的案例，都属于同一范畴之内，并且彼此独立。

问题来了，每一个工作场景遇到的问题都不相同，需要提炼萃取的知识也是纷繁复杂，以上介绍的归类分组都是比较简单的并列关系，在实际的课程开发中肯定满足不了课程框架搭建的所有逻辑需求。

列入同一层级的内容需要以某种逻辑顺序展开，那还有哪些逻辑结构是经常遇到的呢？

> **横向搭建——突出逻辑**
>
> ✓ **时序**：将内容按照时间的先后顺序展开。
> ✓ **构成**：一个整体由若干部分构成。
> ✓ **并列**：可以有前后之分，但没有必然的主次之分，可以是相互关联的不同事物，也可以是同一事物的不同方面，还可以是同一主体的不同动作。
> ✓ **递进**：内容彼此之间有更进一层的关系，前者是后者的基点。
> ✓ **矩阵**：是一个按照长方形陈列排列的集合，对两个集合之间的某个关系，能清晰地表明两个集合的任意元素是否有此关系的数字矩阵。
> ✓ **公式**：用一个公式或者套路将多维知识点进行总结归纳。
> ✓ **花田**：每个内容之间从表面上看没有逻辑关系，但共同解决同一个问题。
> ✓ **演绎结构**：包括大前提、小前提和结论三个部分。比如大前提：人都会死；小前提：苏格拉底是人；结论：苏格拉底也会死。

接下来，我们继续使用案例来介绍以上的逻辑结构在搭建课程框架中的应用。

时间轴

按照时序进行课程内容的搭建，比如"组织班前会流程"，按照先后顺序展开会议组织的五个步骤。

案例　组织班前会流程

> **逻辑关系——时间轴**
>
> 课程题目：组织班前会流程
> 一点名：跟班队长按照花名册点名记录考勤。
> 二确认：排查不放心人，排查安全意识薄弱、情绪波动大的职工。
> 三学习：学习公司下发的各类文件、通报。
> 四部署：部署本班生产任务、布置安全措施。
> 五安全宣誓：进行班前安全宣誓，使安全理念深入人心。

构成

整体由各部分之间凑成、组成、造成。比如"汽车的组成"，一辆汽车整体由若干部分构成，首先借助一张汽车总成拆分图介绍汽车由发动机、底盘、车身和电气四部分组成，然后每个部分再进行下一级子主题的详解。

案例　汽车的组成

> **逻辑关系——构成**
>
> 课程题目：汽车的组成
> 一、发动机：发动机是心脏，是汽车的动力装置。
> 二、底盘：底盘的作用是支撑车身，包括变速箱、车轮、后桥等。
> 三、车身：车身是用来载人或者装货的部分，包括框架、内饰等。
> 四、电气：包括电源、发动机启动系统以及汽车照明等用电设备。

并列关系

可以有前后之分，但没有必要的主次之分，可以是相互关联的不同事物，也可以是同一事物的不同方面，还可以是同一主体的不同动作，包括并列的原理、作用、方法、技巧等。

并列关系是最长使用的逻辑关系，在"安全'三宝'很重要"一课中，安全帽、安全带、安全网的重要性就是并列关系。再比如"让微信推文更吸睛"，回答微信吸睛的三个并列措施：拟定标题、编排正文、选取配图。

案例　让微信推文更吸睛

逻辑关系——并列

课程题目：让微信推文更吸睛

1. 拟定短小精干的标题；
2. 编排简洁大方的正文；
3. 选取清晰统一的配图。

递进关系

我们经常说不但……而且……就是经典的递进关系。递进关系是内容彼此之间有进一层的关系，后一句必须以前一句为基点，并且在程度或范围上比前一句有更进一层的关系，比如"花木兰不但年轻貌美，而且智勇双全"。

接下来以通用素质课程"敬业精神"为例，通过"不但……而且……甚至于……"，呈现内容彼此之间的递进关系。

案例　敬业精神

> **逻辑关系——递进**
>
> **通用素质课程：** 敬业精神
>
> 工作中要有敬业精神，需做到：
>
> 1.（不但）遵守公司的各项规章制度，不迟到早退；
> 2.（而且）认真完成领导交办的工作任务，保证按时交付成果；
> 3.（甚至于）对工作充满激情，甘于奉献。

矩阵

是一个数据的集合，对两个集合之间的某个关系，能清晰地表明两个集合的任意元素是否有此关系的数字矩阵。

比如在"紧急重要四象限处理原则"中，通过是否"重要"和是否"紧急"组成一个四象限的集合。

案例　紧急重要四象限处理原则

> **逻辑关系——矩阵**
>
> **课程名称：** 紧急重要四象限处理原则
>
> 第一象限：重要且紧急
>
> 第二象限：重要不紧急
>
> 第三象限：不重要不紧急
>
> 第四象限：不重要紧急

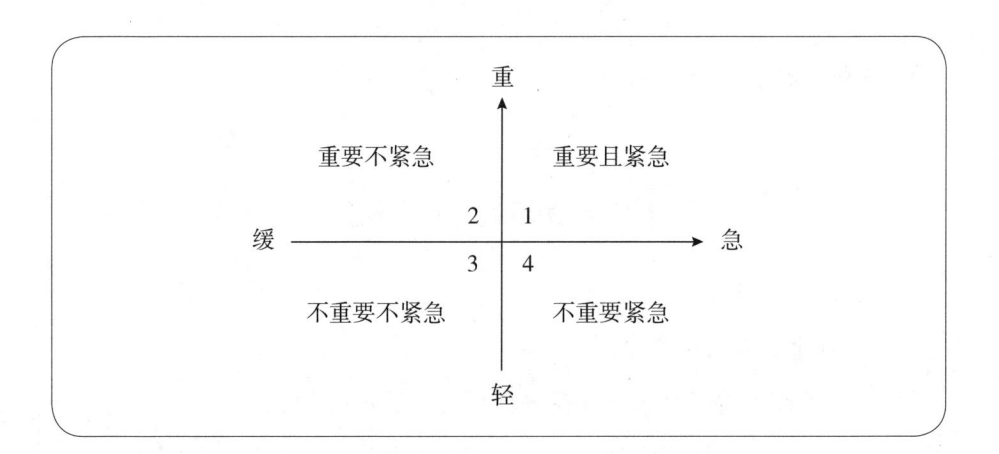

```
             重
             ↑
   重要不紧急  │  重要且紧急
             │
      2  │  1
 缓 ─────────┼───────────→ 急
      3  │  4
             │
   不重要不紧急 │  不重要紧急
             │
             轻
```

公式

用数学符号表示各个量之间的一定关系的式子，能普遍应用于同类事物的方式方法。在课程结构中通常用一个公式或者套路将多维知识点进行总结归纳。

比如在"一个公式核实小微商户净利润"课程中，通过一个公式计算商户每一年的净利润，从而为小商户提供合理的贷款额度。

案例　一个公式核实小微商户净利润

逻辑关系——公式

课程名称：一个公式核实小微商户净利润

场景问题：客户关系经理小李交贷款调查报告时，被发现商户净利润多计算了2倍，因此增加了商户贷款的风险，其实一个公式就能计算准确小微商户的净利润。

公式：年净利润=年销售额–年进货成本–运营成本

花田式逻辑

课程中每个内容之间从表面上看没有逻辑关系，但却共同为解决同一个问题服务。

在"销售人员技能培训"一课中，为销售员提供不同角度的技能培训，以提高其销售能力。

案例　销售人员技能培训

逻辑关系——花田

课程名称：销售人员技能培训

一、销售员客源开发训练

二、销售员电话预约技巧训练

三、销售员自我励志训练

四、销售员开场赞美技巧训练

演绎法与归纳法

- 演绎法：是从整体到个体的推理，从一般性原理、原则中推演出个别性知识。通常包括大前提、小前提和结论三个部分，比如大前提是，小狗都爱吃骨头；小前提是，我家养的阿黄是一只小狗；结论是，阿黄爱吃骨头。

$$\text{大前提} \rightarrow \text{小前提} \rightarrow \text{结论}$$

- 归纳法：是一种从个体到整体的总结。由个别事物过渡到范围较大的观点，由特殊具体的事例推导出一般原理、原则的思维过程。比如我养的小狗爱吃骨头，姐姐家的小狗爱吃骨头，邻居家的小狗也爱吃骨头，结论：小狗喜欢吃骨头。

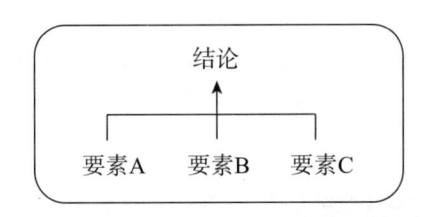

```
           结论
            ↑
   ┌────────┼────────┐
  要素A    要素B    要素C
```

演绎归纳法在课程框架设计中也是很有效的逻辑结构，在这里我们就不一一列举案例了。

到此为止我们介绍完了规划课程框架的金字塔原理，以及按照金字塔原理展开课程结构，纵向搭建突出层级、横向搭建，突出逻辑。这个过程就像盖房子时搭建建筑的主体结构。

有了建筑框架，就可以做室内外的装修了。接下来的一节，我们介绍搭建好框架的课程结构如何进行课程内容设计。

第二节 按步走：填写课程内容

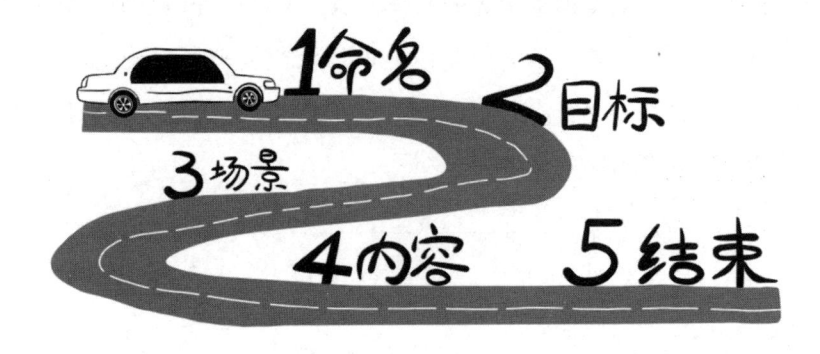

接下来围绕课程的呈现结构"命名—目标—导入—展开—结束"五个

部分，结合案例逐一进行介绍。

1. 课程命名有规则

起个好名记得住

在搭建课程框架的时候我们使用金字塔原理进行逻辑设计，金字塔的精髓就是"结论先行"，作为金字塔顶部的课程名称就更需要见微知著了。为课程取一个好名字，让学习者看到课程名称基本能猜到课程目标。

我们来欣赏一组课程名称，请体会直观感受是什么？

> **一起来找茬**
>
> 以下课程知道学习者是谁？在什么场景下？讲解什么内容？
> - ✓ "如花"是如何赛"西施"的
> - ✓ 领导者之剑
> - ✓ 维修服务大宝典

我们分析一下这几个课程题目是否妥当：

"'如花'是如何赛'西施'的"这个课程名称很有趣，从课程名称上猜测"如花"和"西施"应该是在打比方。可是在什么工作场景遇到了什么问题，讲解哪些知识点就猜不出来了。这门课程目标是在制作海报画面排版过程中，新手小白没有任何美学基础的前提下，如何构图、配色、选择字体字号让版面简洁大方更专业。把"新手和资深专业人士"比喻成了

"如花和西施"，名字虽然有趣，但舍本逐末的做法是不可取的。

"领导者之剑"这个名称能猜到是与领导有关，为什么要拿一把剑？拿剑要做什么？都不得而知。其实这门课程是讲解管理者在面对员工犯错误时的批评技巧与注意事项，这个课程名字起的有些雾里看花、过于宽泛了。

"维修服务大宝典"这个名称能猜到是围绕维修服务的工作场景，关于什么产品的维修服务猜不出来，并且"大宝典"这个词感觉能回答服务过程中的十万个为什么，但作为一门课程更需要聚焦。课程时长有限、知识内容也有限，一门课程包罗万象是做不到的。

通过对这组课程名称的分析，不难看出，作为金字塔最顶端位置的课程名称，学习者希望能最直观的感受到是在什么样的工作场景下、遇到了哪些问题、通过什么方式、什么途径来解决，课程中重点讲解的是知识，还是方法、技能？虽然这个要求比较高，不一定完全满足，但这是学习者的诉求，我们在课程命名时尽力去实现。

接下来这一组的课程名称是否能满足学习者的需要呢？

> **一起来思考**
>
> 以下课程通过名称知道学习者是谁？在什么场景下？讲解什么内容吗？
> - ✓ 招聘现场面试之痕迹识人
> - ✓ 车间火场逃生的三个要点
> - ✓ 打造最美网点，六项措施做好旺季服务工作

我们一起分析一下这组课程名称是否满足学习者的要求：

"招聘现场面试之痕迹识人"的工作场景应该是招聘会现场面试，希望通过衣着打扮、言谈举止等痕迹的辨识来辅助对备选人的评价；

"车间火场逃生的三个要点"这门课程非常适合大壮学习，在生产车间

"安全"是永远的话题，如果突发车间火场情况，可以第一时间做出正确的逃生反应；

"打造最美网点，六项措施做好旺季服务工作"题目虽然有些长，但能猜到这是一群网点服务人员，担心旺季时因工作繁忙而降低用户服务满意度，希望学习有关的技能和方法，所以有六项措施来保驾护航。

通过两组课程名称的对比，不难看出第二组课程名称更容易看得懂。看得懂的课程名称有画面感，在大脑里很容易形成一个场景画面，以及去思考遇到了什么问题；看得懂的课程名称能体现"干货"是什么，是知识、技能？还是措施、方法？开宗明义，一语点明课程内容。看得懂的课程名称能感知学习效果，一眼就能吸引你，无论是面试现场还是火场逃生，学习课程能避免工作甚至生命中更多的损失、增加更大的收益。

课程名称建议从场景感、干货满和增益止损三个维度来体现。（如图2-10所示）

图2-10 课程名称三个维度

课程命名——场景感

> **课程命名——场景感**
>
> "场"是场合，"景"是情景，"感"是感受。"场景感"就是在某个特定场合，某种情境给你带来的感受。结合课程开发工作，就是在课程命名中体现工作任务、业务场景，特别是遇到的问题和困难的工作情景。

体现工作情景，让课程名称有场景感、画面感，能迅速打开学习者右脑的记忆阀门，可以快速沉浸其中，带着问题去学习。接下来，我们看看大壮他们是如何体现"场景感"的。

⭐ 案例　课程命名——场景感

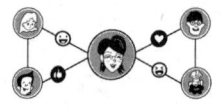

> **课程命名——场景感**
>
> **生产大壮**：我来分享两个相关生产的课程名称：
> - ✓ 地下水井有限空间安全作业措施
> - ✓ 规模化鸡场的免疫程序
>
> **销售大金**：我也分享几个销售和客服工作中有关的课程名称：
> - ✓ 接听故障车救援电话的锦囊妙计
> - ✓ 做好重点项目客户效果回访的技巧

分享完案例，还请大家注意，场景感是课程命名的一个维度，我们还需要在课程内容上进行重点呈现。

课程命名——干货满

> **课程命名——干货满**
>
> 将课程最"干货"的部分呈现在课程名称中，包括需要理解的知识、拥有的态度、掌握的流程、措施、方法、技能等。

课程名称需要简洁有力，好记忆好传播。在命名时体现知识，特别是了解、理解、掌握的程度能做到，可以添加动词形成动宾结构，也可以增加名词形成词组。

在生活中很多女孩子对减肥的话题非常感兴趣，下面一组课程名称，哪个能看到"干货"？

案例　课程命名——干货满

> **课程命名——干货满**
>
> 减肥话题课程名称：
> - 月减十斤不是梦
> - 三吃四不吃，调整饮食轻松减脂
>
> 分析一下：
> - 第一个题目"月减十斤不是梦"只呈现了结果，是如何月减十斤的？有什么方法？哪些妙招？是少吃还是多运动？在课程题目中都没有体现；
> - 第二个题目"三吃四不吃，调整饮食轻松减脂"表明是在调理饮食的时候进行减肥，也就是把方法锁定在控制饮食上了。并且"三吃四不吃"，指明了健康减肥的三种食物，和四种不能吃的食物。题目中呈现了更聚焦的方法，让学习中信服学习课程后能达到健康减肥的目的，可以解决减肥问题。

课程命名——增益止损

> **课程命名——增益止损**
>
> 增益止损也是趋利避害的意思，是趋向有利的一面，避开有害的一面。"增益止损"用在课程命名这个环节，是希望学习者通过题目能快速获知课程的价值，提示学习者的收益、降低其损失。

"增益""趋利"好理解，无论在工作中还是生活中，人们更希望增加更多的收益，获得更大的好处，这是人类的普遍心理，我们对于得到的、有益的东西往往会感到开心、幸福。

关于"止损"的重要性，在金融专业里常用鳄鱼法则来说明。原意是：假定一只鳄鱼咬住你的脚，如果你用手去试图挣脱你的脚，鳄鱼便会同时咬住你的脚与手。你越挣扎，就被咬住得越多。所以，万一鳄鱼咬住脚，你唯一的逃生机会就是牺牲一只脚。对于失去、损失，人们总是很沮丧，一定会想办法去避免。用在课程开发中希望通过课程名称告诉学习者在学习该课程后能借鉴的经验教训、避开工作中的雷区，将损失降到最低。

利用"增益止损"来为课程命名，是贴合大众的普遍心理感受。接下来，我们分析一组案例增益止损点是如何呈现的。

案例　课程命名——止损

课程命名——增益止损

案例：注意握手礼仪四个禁忌，别输在沟通起跑线上

如果带着手套或用左手去握手都是商务礼仪的禁忌，对方会对你的第一印象大打折扣。

止损：学习这门课程后及时止损，掌握正确的握手礼仪，不仅体现良好素养，也可能在不经意间收获好感，为工作带来好运。

案例：资深律师教你避开写借条6个坑

好心借款给同事或朋友，却要不回钱，有借无还、利益受损，因为连还款期限都没注明。

止损：资深律师告诉你在写借条时常出现的6个问题，规避财产损失风险。

案例　课程命名——增益

> ### 课程命名——增益止损
>
> **案例：按名索引提高快递派送效率**
>
> 快递员在为学校的学生派送快递时，经常因为有45分钟上课时间，只有10分钟下课时间派送，导致段时间内处理不完。
>
> ◇ **增益**：这门课程介绍在等待时间将货物按姓名拼音编号取件，大大提高了派送效率，从而提升了派送数量。
>
> **案例：三类工业固废在建筑工程中的再利用**
>
> ◇ **增益**：工业固体废物中有三类可以再利用，规避浪费的同时保护了环境，还增加了企业收益，一举三得的事情。

这一节中我们介绍了几个维度，分别是场景感、干货满、增益止损。其实还有很多方法对课程名称进行包装，在这里就不穷举了。

为了让课程名称吸引学习者眼球，在课程名称上下功夫是非常值得的，不过还是要避免一些舍本逐末、名过其实的现象发生。

> ### 点破误区
>
> **误区1："雾里看花"**
>
> ✓ **使用问句、疑问句形式**：不能看出课程内容。例如"三胎政策，你看懂了吗？"这门课程是介绍三胎政策的内容？还是三胎政策执行后的经济趋势，或者社会现象？真地看不懂。当学习者下决心花时间来学习时，发现不是自己关心的内容，甚至会失望、愤怒。

> ✓ **拐弯抹角的命名**：让人不知所云。例如"让子弹飞一会"，这个课程其实是讲解如何裁员，但是从题目上看，和裁员毫无关系，让人匪夷所思。
>
> **误区2："名过其实"**
>
> 为了吸引眼球，命名过于夸张，夸大内容范围。例如"汽车维修服务大宝典"，学习者是客服人员还是维修人员？大宝典里包含的是客户接待话术、接待流程、步骤？是维修技术？还是额外的增值服务？这些都不得而知。真不知道这门课程能解决什么问题。

工作场景不确定、目标学习者没定位、知识不聚焦、缺少干货内容，都是课程命名时常见的误区，酒香也怕巷子深，不能把课程内容隐藏得太深，我们需要学会"包装"课程题目。

2.课程目标定锚点

为课程定一个
小目标

一些刚刚接触课程开发的小伙伴，会有疑问了，"课程越来越提倡敏捷开发、注重快学快用，留着这个流于形式的课程目标有什么用？"并且遵规守纪的描述、呆板严谨的形象让课程目标既不像有趣的案例那么好玩，更不像淋漓尽致的"干货"那么吸睛。有没有一个充分的理由证明课程目标是必要的？

大海航行靠舵手，课程开发看目标，课程目标的重要性不言而喻。我们举一个生活中的小例子，新房子拿到钥匙后，老少三代开开心心地开始了采购计划：爸爸喜欢简洁大方的装饰风格，买了极简风的沙发。妈妈热爱生活多姿多彩，买了波西米亚风格的落地窗帘。孩子充满了童真，购买了可爱的玩偶抱枕。爷爷奶奶把家里的老古董大花瓶搬了出来。这个画面脑补一下，很是热闹啊，好好的一个客厅被布置得一言难尽。如果提前设计好装修风格的目标，统一思想，所有采购计划都按照目标执行，装饰效果可能就不会这么"大杂烩"了。

在课程开发过程中，特别是在多人参加的课程开发小组或团队中，更需要统一的课程目标作为"指南针"来指引方向。学习对象是哪些人？他们遇到了工作上的什么难题？为什么需要学习这门课程？学习这门课程能解决什么问题？掌握哪些知识和技能？回答以上这些问题就是课程目标的意义：定"锚点"。计划好方向，就不容易偏航了。

描述课程目标就一个要求：精准具体。推荐课程目标ABCD描述法。

课程目标

课程目标——ABCD

课程目标

课程目标是指课程本身要实现的具体目标和意图。它是确定课程内容、教学目标和教学方法的基础。课程目标是指导课程开发过程中最为关键的准则。

ABCD四要素描述法

提供一个模板供参考：（什么）人，在（什么）条件下，掌握（什么）知识，做（什么）事情，达到（什么）标准。四要素分别代表：

- ✓ A（audience）对象：指学习者是谁。
- ✓ B（behavior）行为：通过学习掌握什么知识，能做什么事情。

> ✓ C（condition）条件：在什么条件、环境下产生。
>
> ✓ D（degree）标准：评定行为合格的最低标准是什么。

这个模板更适用于企业及组织，通过培训学习能解决员工在实际工作中遇到的问题，使用这个课程目标的模板针对性更强一些。

"B（behavior）行为"通过学习掌握什么知识、能做什么事情，是课程目标描述中最核心的部分，也就是我们常说的"干货"。行为从学习知识的层次上可以分为六个阶段。

阶段1：知道，通过学习了解知识，可以回忆起知识的相关信息。

阶段2：领会，在了解的基础上，内化为自身的知识，可以用语言或文字来解释描述。

阶段3：应用，不但能内化为自己的知识，还能将知识运用到工作场景达到实操的效果。

阶段4：分析，将知识进行分解，找出彼此之间的连接。

阶段5：综合，可以将各部分知识重新组合，形成新的知识体系。

阶段6：评价，根据一定标准做出价值的判断。

这六个阶段分别有一些标准的词汇进行描述，我们在编写课程目标时可以作为参考。（如表2-6所示）

表2-6　课程目标描述词汇表

学习层次	可选用词汇
知道	为……下定义、列举、复述、辨认、回忆、选择、描述
领会	分类、叙述、解释、选择、归纳、举例说明、预测
应用	运用、示范、阐述、制订……方案/计划
分析	分析、分类、对照、图示、区别、检查、评析
综合	编写、创造、设计、组织、计划、综合、归纳、总结
评价	鉴别、比较、评定、判断、证明

接下来，用几组案例尝试一下用ABCD描述法将课程目标描述得更加清晰、具体。

案例　课程目标描述

> **课程目标——ABCD描述法**
>
> 案例1：关键客户的识别与沟通
> ◇ **课程目标**：新入职的物业管家（A），在面对客户抱怨时（C），能将关键客户识别出来（B），进行有效沟通，不产生投诉（D）。
>
> 案例2：夏季预防奶牛热应激措施
> ◇ **课程目标**：奶牛养殖人员（A），在夏季天气炎热、奶牛不产奶时（C），运用四项应对措施（B），以预防奶牛热应激（D）。
>
> 案例3：PDCA在车间安全管理中的应用
> ◇ **课程目标**：新晋车间主任（A），在车间进行安全管理时（C），应用PDCA方法完善安全工作，实施有效的车间安全管理（B），确保车辆人员安全（D）。

通过这一组案例不难看出，课程目标是高度概括集中、准确地描述了课程的学习目标。

温馨提示

提示1：**不超过3个**。课程目标数量不易超过3个，建议控制在1～2个。

提示2：**描述精准**。课程目标不出现"什么""怎么""如何"等不确定的字样，一定要准确描述。

点破误区

误区1：目标空/不具体

课程目标描述中的D（degree），是评定行为合格的最低标准。如果设定的目标难以衡量，那么学习者通过学习后不知是否达到了培训效果，说明目标设定得不具体。

误区2：目标不可测量

在课程目标描述中使用度量和评价标准不清的"表意"动词，如："了解""熟悉""掌握"等。这样的课程目标无法成为课程内容开发的标尺，因此，建议使用如表2-6所示"课程目标描述词汇表"栏目中的，或其他"表行"动词，并给出行为对象，以此说明学习后的能力成果。

误区3：目标成摆设

在课程开发过程中，仅完成编写和设置"课程目标"这个动作，为了目标而目标，没有考虑目标是否能实现，说明设置的课程目标不合理。

3. 场景问题引兴趣

尴尬的开场白

技术老研

技术大拿老研我，准备分享一门含金量非常高的课程。为了保证效果，先组织面授，只是第一次面对那么多人我突然不知道如何开场了，救命稻草般地想起或者以"谁是老乡"为话题开场，结果培训现场没有我的老乡。后来又以"找同校学弟学妹"为话题，结果还是一个也没有。接下来，我的心就慌了，

第二部分 课程开发的基本流程

准备好的课程都没发挥好。之后，我开发了一门在线课程放到学习平台上，全是干货想着必受欢迎，结果点击率不过十位数。

尴尬死了，有地缝吗？我要钻进去……

销售大金：嘿嘿，老研好可怜。我想起销售团队中有个新入职的小萌，有一次对一个客户服务不及时错失了成交机会。后来我告诉她："这个客户一定是个VIP潜在大客户，你亏大了。"小萌追着问我是如何判断的，我告诉她："在客户留下的资料中家庭住址是稀缺的高档住址，就凭这一点。"后来小萌用了九牛二虎之力终于挽回了这一单。

我就用"勾魂儿大法"给小萌上了一课。

阿文老师：哈哈，话糙理不糙，大金这么做是有理论依据的。把课程名称和课程目标中定义的增益止损点在这里演变成了故事来做引子，然后再讲解内容要点满足学习者学习干货的欲望，让小萌追着大金学习。

接下来，我们就分享一下"勾魂儿大法"的理论依据。人的大脑分成三层，也称三脑理论。（如图2-11所示）

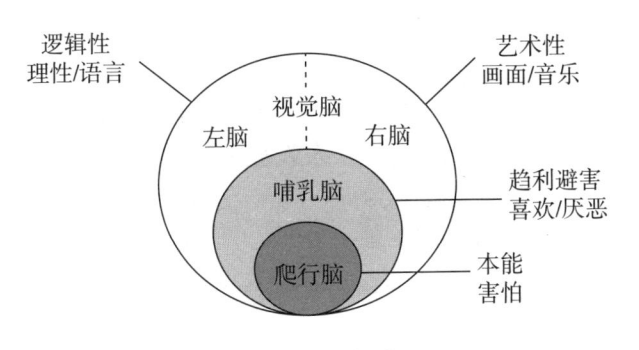

图2-11 三脑原理

✓ 最里层爬行脑：这一层也称为本能脑。它是一个完全自动的系统，当遇到危险时本能反应就是逃跑或反抗。
- ✓ 中间层哺乳脑：这一层也称为感性脑或情绪脑，或者喜欢，或者厌恶。在恶劣的环境中，所有动物都是依赖这种简单的"趋利避害"的原则，才能得以生存。
- ✓ 最外层视觉脑：这一层也称为理性脑，是人类独有的。是对客观世界进行逻辑分析的部分，其中右脑更多地决定了人的空间感、音乐感、艺术感等，而左脑更多控制了人的逻辑思维、理性思考和话语能力。

销售大金对小萌说，"这个客户一定是个VIP潜在大客户，你亏大了"。小萌接受到这个信息后，首先是最里层爬行脑"害怕"。然后传递到中间层哺乳脑，在趋利避害的原则下，感受的是"愿意留下VIP大客户，希望得到大金的指教"。当大金介绍将家庭地址作为判断依据时，小萌的最外层视觉脑开始去思考记忆，这样就完成了大金进行培训的完整学习过程。

再回想技术老研在进行培训时无论是现场培训"找老乡"还是"找学弟学妹"开场，甚至开发在线课程时"直给干货"的平铺直述，都没有及时捕捉到学习者的本能痛点。

了解了三脑理论，我们就可以借助这个原理设计课程的场景导入，制造冲突讲故事了。

人人爱听故事

故事有情景，有画面感，利用的是人脑的最外层视觉脑，由视觉脑的右半边形成画面及情感将信息传递给左半边再进行逻辑思考、记忆存储。左右脑配合起来记忆的效果更好。如果只讲解条条框框的知识点，只使用左半部的理性逻辑，学习效果就会大打折扣。

制造冲突是描述工作中的痛点，包含危险、损失、痛苦等，利用的人的爬行脑，引起学习者注意，引发其产生兴趣。在课程命名时也分享过，增益止损是课程命名时的一个维度，更是场景导入中的重要组成部分。

趋利避害讲故事

接下来，我们就分享如何进行讲故事。

故事1：趋利性——利益诱导讲故事

绩效差距可以让学习者直观感受到学习某知识和技能的好处，为了达到同样的绩效，激发学习者兴趣学习。

案例　车展快速成交5个销售促单技巧

> **场景导入趋利故事**
>
> 案例：车展快速成交5个销售促单技巧
>
> （场景导入）一般销售人员在车展上的成单率是15%，资深销售顾问大金的成单率是60%，你想知道他是怎么做的吗？
>
> （课程内容）销售大V成单率高的原因是总结了几个有效的促单方法
> - ✓ 促单法1：二选一法
> - ✓ 促单法2：优惠成交法
> - ✓ ……

在车展这个营销场景下，直击销售人员的痛点"成单率15%"，同时给出诱惑条件"相同场景下资深销售大金成单率可以达到60%"，这组数据摆出来，势必会引发学习者兴趣，绩优者是如何做到的呢？

故事2：弊害性——避免损失讲故事

冲突给出的痛点可以使学习者产生"痛"的共鸣感，为了摆脱这种痛苦，学习者当然期望学习。

案例　医药代表如何面对客户的怨气

> **场景导入弊害故事**
>
> **案例：医药代表如何面对客户的怨气**
>
> （场景导入）医药代表来到医院，拜访主任医师推销新的药品，推开门还没有开始说话，就被客户骂"滚出去！"。
>
> （课程内容）
> 面对有怨气的客户时，可以采用的方法
> - ✓ 方法1：用对道歉方式
> - ✓ 方法2：发挥同理心
> - ✓ ……

直面客户抱怨是客户经理经常遇到的工作难题，场景导入将这种常见矛盾冲突升级演绎，直戳客户经理的小心脏，让学习者与之产生共鸣，赶紧学习怎么面对吧。

案例　关爱渔民生命，关注船舶安全

> **场景导入弊害故事**
>
> **案例：关爱渔民生命，关注船舶安全**
>
> （场景导入）这个案例是真实情景再现，有血淋淋的画面感。海上航行时一艘小渔船和大商船发生碰撞，最终导致小渔船8人死亡！事后调查原因，发现是因为小渔船没有按照航海规则航行造成的。

> （课程内容）
> 航海规则就像陆地上的交通规则一样，各行其道是根本。
> ✓ 商船航海规则
> ✓ 渔船航海规则

航海规则是比较枯燥的条款知识解读，设置一个触目惊心的案例导入，鲜活的生命瞬间消失，直击学习者的爬行脑，使其打起十二分精神学习海航规则，避免类似事故发生。

讲故事模型

有的小伙伴说了，知道趋利弊害场景导入能吸引学习者，可我不是故事大王啊，故事到底要怎么讲呢？

案例　李云龙讲故事

"我要打鬼子！"

电视剧《亮剑》里有一个李云龙做战前动员的精彩镜头，他是这么鼓舞士气的：

"同志们，入冬以来，鬼子在冀中地区，进行了残酷的大扫荡，冀中军区各部队和敌人进行了激烈战斗，同时敌人向晋东南、晋西南地区也进行了扫荡。敌人在华北地区形成了一个巨大的包围圈，想一口吃掉我们。我不想隐瞒你们，必须把真实情况告诉你们，我们将面临一场前所未有的血战，战斗将极为残酷，我们中会有很多人牺牲。"

我要拿起机关枪去和鬼子拼命！

生产大壮

大壮入戏了，李云龙在这里用了经典的一句话讲故事模型：SCQA法。

> **一句话讲故事**
>
> SCQA模型——一句话讲故事
> ✓ 情境（situation）——提供一个熟悉的情境或稳定的状态。
> ✓ 冲突（complication）——描述情境存在的矛盾或突然的变化。
> ✓ 问题（question）——指出问题所在，并强调需要解决。
> ✓ 答案（answer）——提供可行的解决方案。

在李云龙这段动员讲话里，他描述情境、描述冲突，直击战士们的爬行脑。接下来，抛出问题"怎么办？"，是迎接挑战还是逃跑？相信大家听到最后就会理解大壮"我要拿起机关枪去和鬼子拼命！"的选择了。

接下来，看看HR小美是如何进行情景导入的。

案例　招聘现场面试之痕迹识人

> **如何练就火眼金睛**
>
> 案例：招聘现场面试之痕迹识人
>
> （场景导入）
>
> （S）公司招聘五位销售人员，他们的简历都很棒，面试的时候他们的谈吐也不错。
>
> （C）结果入职公司后，他们中有的真让人大跌眼镜。
>
> （Q）其中一位是"老油条"，光动嘴不产出业绩，另一位见客户总是邋里邋遢有损公司形象。在面试时我怎么练就火眼金睛啊？
>
> （A）课程正文……

以上介绍了利用三脑原理,在场景导入时趋利避害讲故事,以引起学习者的注意力,接下来展开正文的讲解就顺理成章了。

> **点破误区**
>
> **误区1:情景故事时间过长**
>
> 在灭火器的操作步骤这个6分钟的微课中,有5分钟导入,1分钟正文。在导入中使用了多种课程制作工具,通过素材下载、录屏、录像、剪辑等多媒体技术组合拼接成一段孙悟空师徒四人过火焰山的搞笑视频,作为课程导入。刚开始接触课程开发时对工具不熟悉,大家误以为丰富多彩的视频动画就是好课程,但忘记了"内容为本"的课程作用。场景导入是引子,但篇幅不易过长。
>
> **误区2:情景故事过于复杂**
>
> 情景导入讲故事是为了吸引学习者,所以要贴合课程主体内容,尽量简单易懂,千万不要画蛇添足讲一个过于复杂的故事,以增加学习者的认知压力。

4.内容展开要翔实

到此为止,课程开发所有的铺垫都做好了。设置了课程目标、搭建了逻辑框架、有场景故事导入,终于可以开始课程内容的展开了。

在用金字塔搭建课程框架章节中我们已经介绍了课程结构按照金字塔原理展开:一级、二级子标题之间纵向搭建,突出父子关系的层级;同一级子标题横向搭建,突出并列、递进、时间轴等关系。

就像盖一座金字塔形状的房子,建立起了框架后,接下来就需要添砖加瓦了。在这一节介绍的内容展开,是在课程逻辑框架搭建好之后,在子标题下的内容展开与阐述。

（1）内容数量宜适中

7±2法则

> **7±2法则**
>
> 一般人的短时记忆容量约为7个加减2个，即5～9，可以理解为7加减2个组块。

为了更好地理解这个法则，我们先做一个小游戏：

请读一遍下面的一行随机数字：82069435431478。然后移开眼睛回忆一下，看看你还能记得几个。

再读一遍下面的随机字母：GJEKCENJDIEM，然后用上述相同的方法测试一下自己的记忆。

通常人们能回忆起5～9个单位，即7±2个，这个有趣的现象就是神奇的7±2法则。

这个规律最早是在19世纪中叶，由爱尔兰哲学家威廉·汉密尔顿观察到的。1887年雅各布斯通过实验也发现，对于无序的数字，被测试能够回忆出的最大数量为7个。发现遗忘曲线的艾宾浩斯也发现，人在阅读一次后，可能记住约7个字母。这个神奇的"7"引起许多心理学家的研究兴趣，从20世纪50年代起，心理学家用字母、音节、字词等各种不同的元素进行过类似的实验，所得结果都约是"7"。1956年，心理学家米勒发表了一篇重要的论文《神奇的数字7±2：我们加工信息能力的某些限制》，明确提出短时记忆的容量在5～9波动。

7±2法则用在课程开发的内容展开中，就是想告诉大家，教学内容的条目也不要太多。5～9条知识是记忆的上限，为了保障良好的学习效果建议控制在5条左右。

分类汇总

经常遇到课程开发中的小伙伴，理直气壮地表述有更多的条目都是重点，哪一条都不能丢，那该怎么办？其实很多知识条目是可以进行分类汇总的，将有逻辑关系的内容组合一起，并为他们总结一个能够代表的关键词，用分类汇总的方法减少内容条目。

案例　研发人员需要提升的9种能力

> **内容数量多——分类汇总**
>
> **案例：研发人员需要提升的能力**
>
> 这段内容讲解研发人员需要提升的9种能力是什么？
>
> 分别是：计划执行能力、创新能力、敬业精神、决策能力、学习领悟能力、信息收集能力、组织协调能力、诚实正直、有责任心。
>
> 9个条目从数量虽然符合7±2法则，但在学习过程中还是会被"大脑"认为太多，所以很有必要进行精简合并。整理如下：
>
> ✓ **个人素质**：诚实正直、敬业精神、有责任心
> ✓ **专业能力**：信息收集能力、创新能力、学习领悟能力
> ✓ **管理能力**：计划执行能力、决策能力、组织协调能力
>
> 这样课程内容就变成了3个条目，即使记不住全部的内容，也可以记住研发人员需要提升的三类能力，分类整理后不仅方便记忆，也让内容更有逻辑性。

多个条目的内容可以分类整理，可是如果内容条目太少怎么办？条目

少不是问题，这时候就要考虑内容的深度萃取了。

（2）内容描述有策略

策略1：内容表达有逻辑

在用金字塔搭建课程逻辑框架一节中我们分享了如果横向搭建框架突出逻辑，其中并列、递进、构成、时间轴等都是非常经典的逻辑关系，这些逻辑关系同样适用于内容的表达。

案例　如何做好招聘工作的校园宣讲

> **内容表达有逻辑——总分结构**
>
> **案例背景：** 在如何做好招聘工作的校园宣讲课程中，其中一条内容为："校园宣讲要增加现场互动频率。"将这条知识内容采用总分结构，深度萃取加以描述。
>
> **逻辑表达：总分结构，结论先行。**
>
> （总—结论先行）校园宣讲要增加现场互动频率。校园宣讲的时间一般都在1小时以上，现在的学生因为手机等电子设备的存在，很难长时间保持高度集中。
>
> （分—不止在台上讲）所以宣讲人不能只在讲台上面讲。
>
> （分—与学生近距离）应该多往学生所坐的位置走一走，与学生面对面近距离地产生互动，至少要保证50%的时间在下面与学生近距离接触。
>
> （分—互动发放礼物）除此之外还可以在过程中发放一些小礼物，让学生对你保持兴趣，这样他们会听得更加认真。

案例　技术创新，科学储粮

> **内容表达有逻辑——时间轴**
>
> **案例背景**：在"技术创新，科学储粮"一课中，有一条内容为介绍"储粮技术的演变背景"。将这条内容采用时间顺序，深度萃取加以描述。
>
> **逻辑表达**：时间轴，先后顺序。
>
> 我们粮仓地处华北平原，夏季气温高，不利于大豆存储，而且也没有大量储存大豆的先例。
>
> **四年前**，一批2万吨大豆从东北移库过来，咱们员工用"棉被裹冰棍"原理，为大豆创造低温环境，粮食存储了三年，刷新了保鲜记录。
>
> **两年前**，又把气候和粮情变化规律找出来，指导一年中各个时期保粮的措施与重点，填补了技术上的空白，做到了"不坏一粒粮"。

案例　公文排版

> **内容表达有逻辑——构成**
>
> **案例背景**："公文排版"一课中，公文由版头、主体、版记三部分构成。课程题目与一级标题"一、版头排版；二、主体排版；三、版记排版"的逻辑就是构成关系。在展开一级标题下的内容时同样采用了构成结构的描述方式。
>
> **逻辑表达**：构成。
>
> 一、版头排版
>
> 版头部分由密级、公文份数、保密期限、紧急程度、发文机关标

识、发文字号、红线组成。他们的作用和要求分别是……

二、主体排版

主体部分由公文标题、主送机关、公文正文、附件、发文单位、成文日期、印章组成。他们的作用和要求分别是……

三、版记排版

版记部分部分由抄送单位、反线组成。他们的作用和要求分别是……

案例 控制猪饲料生产加工成本

内容表达有逻辑——递进关系

案例背景： 在"控制猪饲料生产加工成本"一课中，有一条内容是"提高生产人员生产过程中的成本意识"，将这条内容中的意识转化为行为后，进行了逻辑递进的表达方式。

逻辑表达：递进关系。

首先，合理估算， 对工作中可能的成本进行合理估算；

其次，节省成本， 提醒或劝阻他人的浪费行为，想方设法改善工作，**节省成本**；

最后，控制成本， 分析投入产出比，控制成本，实现公司利益的最大化。

在搭建课程结构时，我们重点介绍了按金字塔原理展开课程结构，在内容描述策略中首先强调内容之间的逻辑性，之所以如此重视逻辑性，就是因为它能帮助我们在课程开发中将复杂凌乱的知识点梳理得条理清晰，将复杂变得简单，让学习者更轻松，这也是课程开发工作者应具备的基本能力。

策略2：内容描述SMART原则

💬 **探讨时间**

内容描述可落地

阿文老师：假如我们要组织一次越野比赛，去一个大家都没去过的山地，大金和大壮分别带团队进行PK，优先达到目的地的获胜。我对大壮说："大壮，出发吧，胜利等着你，尽快到达集结地点，加油！"。我对大金说："带领你的队员沿着山路一直跑，每跑500米，都可以在路边看到一个里程碑，一个小时内达到5公里外的一个绿色小木屋，那里就是集结地点。加油！胜利等着你！"大家觉得谁会先到？

技术老研：这太明显了，嘿嘿，一定是大金获胜啊，大金得到的信息是具体的，怎么跑、如何找方向都很明确，可怜的大壮还得在山里转圈找路线呢！

阿文老师：是的，无论是描述目标，还是课程内容，都应该具体、清晰，让人一看就懂，我故意给大壮挖坑，就是想提醒大家使用SMART原则对内容进行描述会更详细、更明白。

SMART原则是目标管理中的基本原则，是为了员工更加明确高效地工作，管理者对员工实施绩效考核提供了考核目标和考核标准，使考核更加科学、规范，更能保证考核的公正、公开和公平的原则。

我们将这个原则迁移到课程开发中来，保障课程目标与课程内容描述同样精准。换句话说，课程目标提明确的要求，内容描述足够精准、详细让学习目的能落地。

> **SMART原则**
>
> SMART原则：
> - ✓ S（Specific）具体的
> - ✓ M（Measurable）可衡量的
> - ✓ A（Attainable）可以达到的
> - ✓ R（Relevant）具有相关性
> - ✓ T（Time-Based）有截止期限

把管理中的SMART原则置换为课程内容描述的SMART原则，解释如下：

（1）具体的（Specific）

描述的课程内容要与培训主题、工作内容相关，表现在有具体的标准、有特定的条件、有存在的原因、有实操的方法、有详细的内容要点、有与之对应的结果、有准确的时间等要素。

比如让大壮"提升团队成员的沟通能力"，他可能一脸懵，但是如果告诉他："大壮，你要提高整个团队成员的沟通能力，可以组织大家阅读《内向者沟通圣经》，并且就其中的内容让所有成员做一次PPT分享。"有了详细的描述，大壮就知道怎么做了。

再比如告诉小美要"加大HR部门的招聘力度"，小美也会偷偷抱怨，怎么做才算完成任务？如果换成具体的描述："小美，你要带领团队加大招聘力度，比如完善招聘协同机制，确保筛选的简历能够4小时内得到需求部门确认，并且已经确认的简历，当天完成邀约。"这样布置更具体的任务，小美就不会纳闷了。

（2）可以衡量的（Measurable）

内容描述中，可以从数量、质量等角度入手，关于知识的描述达到测评的要求、隐形态度知识转化为显性的具体行为、技能有标准的流程步骤或可落地的措施方法。

比如要求销售大金"提升客户满意度"。这其中是否需要区分普通客户和VIP客户？通过哪些指标判断是否满意？如果要求大金"提升客户满意度，将目前客户的电话投诉率减低50%、回访电话接通率达到98%"，这些操作都是可以衡量的，大金也清晰地知道自己需要做什么事情了。

（3）可以达到的（Attainable）

描述的内容要基于现实切实可行，通过学习可以掌握知识与技能，运用知识可以完成工作任务。同时具有一定挑战性，设置"挑战"时要考虑是否可实现、能达到，可以制订"摘桃"的目标，不要制订"摘星星"的知识和任务。

案例 SMART原则之可达到

内容描述SMART——可达到

背景1：对专业度的要求

不可达到：成为专业领域专家。

可达到：每个月看一本专业书并且写一篇专业博客。

背景2：对完成任务的要求

不可达到：完成全部实验任务。

可达到：紧急且重要的任务必须全部完成，重要不紧急的任务完成50%。

（4）相关的（Relevant）

描述的内容要与课程主题相关，如果与课程主题无关或相关度很低，那么这个描述再精彩，对课程而言也毫无意义。

例如为涉外单位前台人员开发的提升基础素质课程中，设置学习日常英语的课程内容，是与工作内容关联度非常紧密的，但如果设置六西格玛质量管理体系课程，就与提升前台人员基础素质无关了，是相关度较低的教学内容。

（5）明确的截止期限（Time-based）

涉及与时间、任务完成进度相关的课程内容，要有明确的截止期限。

比如："及时响应用户需求"中，怎么做才是及时响应？如果表述为"对用户的意见反馈，24小时内给予答复；对于用户投诉意见，10分钟内给予答复"，就有非常明确的时间期限了。

策略3：内容表达通俗易懂

每一门课程都有自己的学习目标与内容重点，但学习者的基本认知是不相同的，将相同的内容使用标准的描述方式传递给不同"前知识"的学习者得到的学习效果也是不一样的。所以为了缩减学习效果的差异，我们需要想一些办法。前面提过可以准备"知识铺垫"放置在课程主体内容之前，作为铺垫内容。还有一个可操作的方法就是将课程中的主要内容，特别是深奥晦涩的专业知识使用通俗易懂的语言来描述，也称为"说白话"或"说人话"，已达到深入浅出的培训效果。

案例　牛油果如何描述

牛油果长什么样

HR小美：听说吃牛油果非常有好处，我打算去超市买一些，但是我不认识怕找不到，谁能告诉我**牛油果长什么样**？

> **技术老研**：非常简单，牛油果又叫鳄梨，它的果子是梨形或者卵形，果长10厘米左右，外皮深绿或墨绿，外果皮木栓质，果肉硬，需要去皮后食用。
>
> **销售大金**：老严，你这像是科学研究报告，按你这描述，小美都蒙了。听我的，牛油果啊，长得像梨，比平时吃的鸭梨小一点，注意可不是黄色的，而是墨绿色。也就是小一号的墨绿色的鸭梨，外皮也不像梨一样细腻，很粗糙，有点像鳄鱼皮的感觉，凹凸不平。
>
> **阿文老师**：大金的描述**"通俗易懂"**，他抓到"梨""鳄鱼"两个大家都知道的概念，让小美快速产生联想，理解"牛油果/鳄梨"的概念。在课程内容描述中也是如此，要用学员听得懂的语言进行描述。

和大家分享一个特别好玩的案例，在"学习载人航天精神"一课中，描述"登月计划目标"时有两种表述方式。

- ✓ 说法1专业版：我们的目标是通过高度团结的创新与充满战略优势的设计下取得太空工业的领先地位。
- ✓ 说法2白话版：我们的目标是在未来十年内把人送上月球再安全地带回来。

在很多次培训现场，阿文老师把说法1展示给学习者看半分钟，然后提问谁能复述下来，每次都寥寥无几。但把说法2使用同样的方式展示并提问时，几乎在场的所有人都能复述出来。大家一致认为说法1过于专业难理解、说法2更通俗易懂容易记住。

当然很多时候需要使用专业术语进行内容描述时，比如概念、原理等是不适合使用白话来代替的。"通俗易懂"只是内容描述的策略，不是必须动作。

策略4：重难点描述用类比/对比

在内容描述时还有一种情况是需要注意的，就是难理解的重难点内容。尽管使用SMART原则和通俗易懂的表达，重难点内容仍是学习者"未知"或"未理解"的知识，为了帮助学习者理解内容，在"未知"和"已知"之间建立联系。可以使用"类比"和"对比"的方式加以描述。

类比/对比

类比：用简单的事物去推理论证一个相对复杂的道理。

对比：把具有明显差异、矛盾和对立的双方安排在一起，进行对照比较的表现手法。

- ✓ **类比的使用**：在引入一个新的、学习者所不知道的概念、理论时，可以进行类比。当需要将复杂的事情讲简单时，可以进行类比。
  - ◆ 例如："恰当的赞扬对孩子的作用，就像阳光对于花朵的作用一样。"这里把"赞扬的作用"和"阳光的作用"进行了类比。
- ✓ **对比的使用**：当需要说明或强化特定的要点时，可以使用对比。
  - ◆ 例如：吃了糖再吃药，会比直接吃药苦很多。
  - ◆ 例如：朱门酒肉臭，路有冻死骨。将有钱人家的奢侈生活和穷苦百姓的凄惨生活做对比。

下面分享一个类比的案例。

📖 案例　类比

重难点描述——类比

房屋是由砖头砌成的，但是一堆砖头放在那里不叫房屋；同样的道理，知识是有由信息构成的，但是一堆信息放在那也不能称作知识。

案例分析：

这个例子用"砖头是房屋的组成部分，但不能代替房屋"，来类比"信息是知识的组成部分，也不能代替知识"，它们之间的逻辑关系都是局部与整体的关系。

据说，有个不懂物理学的人问爱因斯坦："相对论到底是什么？"爱因斯坦回答得非常有策略，分析一下他的回答是用了类比还是对比？

案例　类比/对比

重难点描述——类比/对比

提问："相对论到底是什么？"

爱因斯坦回答：

"你坐在美女身边一小时，感觉就像一分钟；而夏天你在火炉旁坐上一分钟，感觉就像一小时。这就是相对论！"

疑问：这个回答是类比还是对比？

"你坐在美女身边"很美好，"夏天坐在火炉旁"很难过，将美好的事情和难过的实施进行了对比。但是又将"相对论"与"坐在美女身边与夏天坐在火炉旁"进行了对比。爱因斯坦不愧是伟大的物理学家，使用类比+对比的表述方式，一句话就解释地清楚了让人难以理解的相对论。

策略5：内容丰满用案例

在内容描述中还有一种方法效果极好，就是使用案例进行描述。案例可以加深理解，帮助学习者从"不懂"到"懂"；案例可以促进应用，帮助学习者从"懂"到"会"。

案例可以分为一句话案例和整个案例贯穿两种。

- ✓ **一句话案例**。就是用一句话讲清楚事情的发展，论证知识点。
    - ◇ 例如：在"打造新员工入职第一天的峰值体验"中，有一项措施是"精心准备小礼物"。
    - ◇ 新人入职第一天，除了为新员工准备基本的办公用品外，额外送一份贴心的礼物，"比如带有员工姓名的入职贺卡、印有公司Logo的水杯、T恤等"。作者使用了一句话案例，让学习者从"知道"要准备到"会准备"。
- ✓ **整个案例贯穿**。还可以用一个完整案例来贯穿课程内容。
    - ◇ 例如：在"张大爷的煎饼果子店让你秒懂资产证券化"课程中，使用张大爷开煎饼果子店的案例贯穿资产证券化的过程。
    - ◇ 关于张大爷的案例是这么描述的：张大爷作为原始权益人管理运营煎饼果子店获取每日收益，其未来营业收入交给隔壁老王设立的证券化项目，该项目当下募集的乡亲们的资金作为现金投资给张大爷，乡亲们优先享受项目收益，张大爷作为劣后级垫后。完整的案例贯穿，通过生动有趣的生活案例与晦涩难懂的金融案例建立联系，讲清了资产证券化过程。

在这一节中我们实现了俗话："掰开、揉碎、讲明白"。总结了课程内容描述的五个策略，通过逻辑表达、SMART原则、通俗易懂的表述，以及类比/对比的描述和案例等多种形式，让课程内容展开的更加翔实，内容萃取更有深度。

5.凤尾结束余音绕

峰终定律

峰终定律

如果在一段体验的高峰和结尾，体验是愉悦的，那么对整个体验的感受就是愉悦的。这一规律的发现，为经济研究、企业管理、政府决策等多个领域打开了一扇窗，形成极具震撼力与影响力的服务模式。

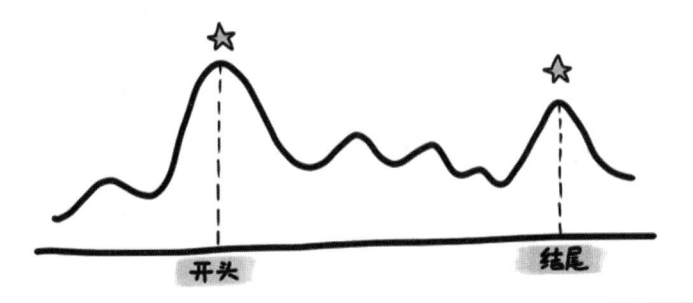

在过去发生的事物中，特别美好或者特别糟糕的时刻以及结束的时刻更容易被人们记住。我们就把这个峰终定律迁移到课程开发结尾处，有了精彩的课程内容，如果在课程结尾再有一个精彩的结尾，引发学习者的思考，追求这种余音绕梁的感觉。

还有一个需要重视课程结尾的原因是，学习是不断强化的过程，只有将新知识进行不断的输入、刺激与强调，承载新知识的大脑神经元与神经纤维，会慢慢发生物理变化，久而久之反复强调的内容就牢牢地驻扎在大脑里了。

那么如何让课程结尾更精彩呢？在设计课程结尾时，可以强化课程主题、突出重点、提炼思路，以促进学习后的转化。通常采用内容总结、重点提炼的方式和号召引导、展望未来等形式。

✓ **课程结尾：总结/提炼**

◇ 总结——采取结构化的方式回顾和梳理学习内容；

◇ 提炼——总结课程的核心理念，可以提炼关键字、编口诀等方式做强化。

✓ **课程结尾：号召/展望/推荐**

◇ 采用号召、展望、推荐等结束语。

凤尾结束的设计套路：总结提炼内容+号召/展望/推荐的结束语

案例　互联网时代，你的产品能拿几分？

凤尾结束——总结+号召

案例：互联网时代，你的产品能拿几分？

该课程讲授互联网时代，想在众多产品中脱颖而出，有三个优秀产品的标准，分别是：1.产品的实用性；2.巧妙的设计；3.体现感情和价值观。

课程结尾：总结提炼内容+号召

（**总结提炼**）只有实用、有设计、有感情的产品，才能达到80分以上的优秀线。（**号召**）新产品研发是产品销售前非常重要的环节，产品研发就像数字"1"，只有受欢迎的新产品，后期销售时才能变成100、1000、10000……赶快行动起来，回顾一下你的产品还有哪里可以提升？

在纵向搭建课程框架中有一个案例"如何说员工才会听"，其中的重点内容是一个"听"的技巧和两个"说"的技巧。

案例　与下属对话，如何说员工才会听

> **凤尾结束——总结+强调**
>
> 案例：与下属对话，如何说员工才会听
>
> 课程结尾：总结提炼+重点强调
>
> （**总结提炼**）在与员工沟通时，要做到会听，正确对待并妥善处理员工的抱怨；还要做到会说，从细小处赞美你下属、学会"三明治"式批评方法。（**重点强调**）尤其注意的是，领导者要从内心深处去尊重你下属，多发现他们身上的闪光点，多欣赏多赞美。下属被领导者认可、理解，领导者在说的时候，下属也就愿意去听了。

在课程结尾处进行重点内容回顾的同时还要再次强调一个重要的知识点，就是"从内心深处去尊重认可下属，多欣赏多赞美"，让学习者再一次温习课程内容的同时重视尊重的意义。

如果重点内容多、不容易记忆的情况下在课程结尾处将提炼的知识点进行金句总结，在强调重点内容的同时朗朗上口的顺口溜更容易被记住，课程结束的效果就更棒了。

案例　做一个"用心"的航空乘务员

> **凤尾结束——金句总结**
>
> 案例：做一个"用心"的航空乘务员
>
> 课程结尾：金句总结
>
> 本次课程就介绍完了，用"五心"小结作为结束吧：

对老年顾客要耐心；

对病残顾客要贴心；

对儿童照顾要细心；

对拘谨顾客要真心；

对一般顾客要热心。

欢迎收看，谢谢。

在课程结尾时，虽然需要重点内容的回顾，但也需要适可而止。

点破误区

误区1：面面俱到

重点内容无总结提炼，全部罗列到结尾。

误区2：无结尾

课程忽视结尾的重要性，戛然而止让学习者不知所措。

第三节　燃课堂：增加课程记忆

敲开记忆的门

到此为止，我们完成了课程内容的全部设计：课程命名、学习目标、问题场景、内容展开以及课程结尾，在掌握了以上设计方法后还有没有其它的妙招让课程效果更上一层楼呢？就像用钢筋、水泥、砖头盖好的房子，如果再添加一些装饰物，房子就更美了。

在这一节中，我们总结了一些在课程开发实践中脱颖而出的方法：送工具、送金句、设置互动等，营造良好的学习氛围。（如图2-12所示）增加学习者兴趣的同时，让课程更有效、更有趣、更落地。

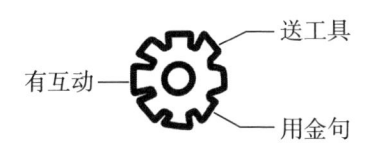

图2-12 课程开发好方法

1.送工具

辅助应用工具

> **辅助应用工具**
>
> **工具**
>
> 工具是指能够方便人们完成工作的器具，后引申为达到、完成或促进某一事物的手段。"生产力有两项，一项是人，一项是工具。工具是人创造的。"
>
> **辅助应用工具**
>
> 为了提高学习效率，课程中提供经过验证的套路化的内容，以促进学习行为的转化，减少因理解偏差带来的错误风险。常见的课程开发辅助应用工具有清单、模板、话术、公式等。

在劳动生产中斧头可以劈柴、打火石可以打火。斧头和打火石作为劳动工具大大减轻了人们的劳动强度。迁移到课程开发中，我们也希望有一些这样的学习工具减轻学习负担。从学习者的角度来说，他们大多希望：与其告诉我是什么，不如告诉我怎么用；与其告诉我怎么用，不如用实例给我看；与其用实例给我看，不如把工具一并给。

应用工具1：清单

清单指的是详细登记有关项目的单子。

课程中有一些内容需要完整地呈现出来以供学习者参考。比如飞行员在驾驶飞机起飞之前有近百项的工作需要准备，即使记忆力再好的人也避免不了遗漏某条信息，所以在标准的工作流程中有一个"起飞准备清单"将所有内容逐条列出，形成一份清单，作为必备工具。

运动员在比赛前总会罗列一个"负面清单"，将比赛中所有可能遇到的不良情景尽可能地罗列出来，穷尽最坏，提前准备相应的解决方案应对，才能在正式比赛中控制好心态，建设好心理素质"强心脏"。

清单在各行各业，甚至是生活中都起到非常积极重要的作用。

案例　面部整形手术分类

下面这个案例是"面部整形手术分类"，重点内容介绍面部的手术分类，包括五官整形、下颌角整形、下巴整形、皮肤整形等。其中"为患者提供注意事项"是所有分类手术都需要的知识，所以作为工具清单放置到该课程的附件中。为患者提供一份清单，会降低医疗事故的发生。注意事项清单如表2-7所示。

表2-7 （案例）术后注意事项清单

序号	注意事项	是否完成
1	术后第2天医院换药	
2	术后第3天去除纱布，每天酒精消毒3次	
3	术后6天拆线	
4	术后口服抗生素3～5天	
5	拆线后2天可碰水	
6	术后第二周周二下午取病理报告	
7	注意休息，避免剧烈运动，少出汗	
8	保持切口清洁干燥，拆线前不碰水	
9	营养饮食，避免辛辣刺激食物及烟酒	
10	有问题随时就诊	

应用工具2：模板

模板，是指设计中的固定格式，是将一个事物的结构规律予以固定化、标准化的成果，它体现的是结构形式的标准化。比如办公时可以使用"PPT商务模板"编辑文件、比如盖房子的时可以使用"混凝土浇筑成型模板"。在培训中会有很多行业很多内容需要开发成课程，其中有固定、标准的内容就可以形成模板提供给学习者直接使用。

案例 避开写借条的坑

案例"避开写借条的坑"课程中，列举了民间借贷书写借条时常出现的六个坑，保护债权人的合法利益。虽然介绍了书写借条的注意事项，如果有现成的借条模板供使用，岂不是更好，因此该课程直接送出工具"借条模板"，只需要在模板中按需填空就可以规避风险，躲过坑。

借条模板

今因_____，收到_____（身份证号_____），以现金/银行转账出借××××元（大写数字），借款期限___年___月___日到___年___月___日，月利率/年利率_____%（大写数字）。

约定___年___月___日到期时本息一并还清，如到期未还清，×××将永久享有追讨权以及向法院起诉追讨的权利。经双方同意，因本借条引起的或与本借条有关的任何争议，如协调不定，由借款人所在地区人民法院提起诉讼。追讨借款所支付的诉讼费、公告费、律师费等一切经济费用，由借款人承担。

立此为据。

借款人（乙方）：
借款人（乙方）身份证号：
借款人（乙方）手机号：
欠款日期：___年___月___日

应用工具3：话术

话术，意思是说话的艺术。它看似简单，却包含着做人做事的技巧。话术虽然只是一门说话的技巧，却依心而生。特别是销售话术和服务话术，运用在各个领域中。销售和服务很大程度是语言的科学、语言的艺术。将这些话术整理出来，放置到培训内容中供学习者直接使用，会让他们以最快速度提升工作效率与质量。

比如，在顾客刚进店时，可以提供如下话术：

✓ 话术1：您好，欢迎光临，很高兴为您服务。
✓ 话术2：您好，请问有什么可以为您效劳的？
✓ 话术3：您好，请问您有什么事情需要咨询的？我很乐意为您解答。

在"接听故障车救援电话有学问"中也提供了一套话术。

案例　接听故障车救援电话有学问

> **课程工具——话术**
>
> 案例：接听故障车救援电话有学问
>
> 工具：话术
>
> 了解救援需求时候可以这么说：
>
> "好的，您现在不要着急，我马上帮您安排救援。您能描述一下车辆现在的故障现象吗？以便我们判断故障，以及准备工具、备件。"

应用工具4：公式

公式是通用格式，用数学符号表示，各个量之间的一定关系，如定律或定理的式子，能普遍应用于同类事物的方式方法。在课程开发中的公式，就是将课程要素间的关系以数学关系式的方式表示出来，帮助记忆。

在"快速核算小微账户净利润三步曲"一课中，讲解了核算小微商户净利润的三个步骤，但每个步骤都是围绕一个公式展开的。

案例　快速核算小微账户净利润三步曲

> **课程工具——公式**
>
> 案例：快速核算小微账户净利润三步曲
>
> 工具：公式
>
> 核算小微商户净利润的三个步骤：
>
> ✓ 步骤1　通过销货单或销售账本核实售价；

> - ✓ 步骤2　通过进货单或厂家对账单核实进价；
> - ✓ 步骤3　计算净利润时考虑进货成本与运营成本。
>
> 所有这些内容都是围绕着一个公式展开的，如果把公式告诉给学习者，就会将所有知识点有机地串联起来，所以在课程结束的时候直接给出了公式：
>
> 年净利润=年销售额−年进货成本−运营成本

2.用金句

网上有一段提醒人们警惕误食毒蘑菇的顺口溜："红伞伞，白杆杆，吃完一起躺板板。躺板板睡棺棺，然后一起埋山山。埋山山哭喊喊，全村都来吃饭饭，吃饭饭有伞伞，全村一起躺板板。"幽默诙谐的金句迅速传播开来。

金句的特点是短小精悍、朗朗上口，有节奏感，能调动学习者的情绪，将主题进行升华。金句的本质是一种陈述性观点，就是用最精炼的话概括、

总结观点和主题的句子，给人以共鸣和启迪。金句的特点是简练、好记，寓含深刻的道理。

金句的观点来自于思想结构，迁移到课程开发中，是在课程知识结构基础上的精炼表达，通过去粗取精、删减的操作，让文字更加精良。

提供几种常用的金句方法供参考。

金句表述1：用比喻

根据两种不同性质事物的相似点，用一事物来描写或说明另一事物。例如：（网易新闻）"每个人都是一条河流，每条河都有自己的方向。"

金句表述2：用顶真

上句的结尾与下句的开头使用相同的字或词，即邻接的句子首尾蝉联。例如："海尔冰箱，冰箱新形象""车到山前必有路，有路必有丰田车"。

金句表述3：用双关

言在此而意在彼，能起到一石二鸟的效果。例如：天猫网站广告语"上天猫，就购了"；特步运动鞋的广告语"特步，非一般的感觉"。

金句表述4：用对偶

用结构相同、字数相等、意义对称的词组或句子来表达相反、相似或相关意思。例如：Airbnb民宿短租平台的宣传语"睡在山海间，住进人情里"、旅游卫视的"身未动，心已远"。

金句表述5：用排比

用结构相同、相似、意思密切相关、语气一致的词语或句子成串地排列。例如：(《黄河大合唱》歌词)"保卫家乡，保卫黄河，保卫华北，保卫全中国！"

案例　墙体砌筑小妙招

燃课堂——用金句

案例：墙体砌筑小妙招

工具：金句总结

这门课程是建筑行业中在国际上获得"砌砖金奖"得主编写的一门实操类课程，这门课程中的专业术语很拗口，将砌墙的动作总结成金句供更多学习者使用。金句采用了对偶句的形式：

"试图重点结合看，虚线实线都要观，尺寸角度与转数，进退出入不能乱。"

点破误区

误区：可遇不可强求

金句不是哪里都能用，在课程中经常用在结论先行、内容总结处。金句的目的是便于记忆，不要拘泥于金句的形式而故意设置不容易记忆的金句。

3.有互动

学习的过程对于人类大脑而言是知识输入—内化—输出的过程,一个完整的学习闭环应包括方法学习—练习整合—应用强化。但是不同年龄段的人,注意力都有不集中的现象发生。有研究机构对此有过研究,一个成年人可以带着理解去倾听的时间是90分钟,但是能带着吸收的能力去倾听的时间是20分钟。这就要求我们在设计课程时,每20分钟就要有一个明显形式的改变,或者授课节奏的改变,或是活动的方式每8分钟就要调动学习者一次。这样可以确保学习者注意力的稳定性,不至于走神。

线下面授,讲师可以看到学习者,如果打蔫、走神,就可以采用多提问、做个小游戏、让大家分享案例等形式。在线直播可以根据聊天区的互动程度来判断。纯在线点播课程是最难实现互动的,我们以此为背景,提供一些常见的互动形式。

互动形式1:自问自答

人在被提问时会比平时的注意力更集中,因为需要思考如何回答,能迅速提升学习者的注意力。

在点播课中不能实现学习者即刻的反馈意见,但我们仍然可以用"自问自答"的方式实现。在编写此书时,我们也会偶尔出现疑问句,然后再进行叙述,目的是相同的。

课程设计中在哪里设置自问自答呢?提问经常用在重难点的讲解、课程开头、课程结尾处,有助于重点知识的理解、引导思考、增加记忆。

互动形式2:小游戏

在课程中根据讲解内容增加一些趣味性的小游戏,不需要很复杂,让学习者参与游戏过程中回答问题即可。比如本书在讲解"内容数量多少是宜适"时,我们就用记忆随机的数字和字母组织了一个简单的互动游戏。

互动形式3:做练习

合理设计练习环节,可以确保学习者自查掌握知识技能情况。

练习题的形式可以多样化,根据本节课所讲授的内容,可以是做几道选择题、判断题;或者在学习者手册上填几个空;可以是口答,也可以是笔试。只要是紧扣本节课的知识点,能够练习和检测出学习者的掌握情况就可以。练习的形式从小学我们就开始接触,在这里就不一一举例了。但作为课程设计者,我们需要了解设计练习的一些注意事项。

点破误区

误区1:碎

练习设计碎片化,刻意拆分逻辑联系的知识。要建立整体认识,练习题不能强拆课程逻辑。

误区2:散

练习题的内容不是课程重点,练习题设计不典型。练习题要聚焦重点课程内容和典型问题。

误区3:缺

练习题缺少准确答案。客观题要有标准答案,主观题要有评估标准。

误区4:短

练习题预留完成时间不足。要合理安排做题时间。

第四节　教学设计模板

根据本章内容，教学设计需要对课程框架进行规划，然后进行课程命名、确定课程目标、描述问题场景，再进行课程内容的展开以及凤尾结束等环节，以上完成了基本的教学设计。将这个过程用文字稿呈现，即"教学设计文档"。下面提供一个模板供参考。

【工具】教学设计模板

<table>
<tr><td colspan="4" align="center">课程名称教学设计</td></tr>
<tr><td>课程题目</td><td></td><td>作者</td><td></td></tr>
<tr><td>课程类别</td><td>（大课/微课/案例等）</td><td>日期</td><td></td></tr>
<tr><td>学习对象</td><td colspan="3">（课程面向人群，学习者特征）</td></tr>
<tr><td>学习目标</td><td colspan="3">（可使用ABCD法进行描述）</td></tr>
<tr><td>关键词</td><td colspan="3">（课程检索词）</td></tr>
<tr><td rowspan="4">教学设计</td><td>场景导入</td><td colspan="2">（问题与背景分析）</td></tr>
<tr><td>知识铺垫</td><td colspan="2">（可选项）</td></tr>
<tr><td>内容主体</td><td colspan="2">（课程详细内容展开）</td></tr>
<tr><td>课程总结</td><td colspan="2">（总结提炼）</td></tr>
<tr><td colspan="2">参考资料</td><td colspan="2">（注明参考文献）</td></tr>
<tr><td colspan="2">课前/课后测试或练习</td><td colspan="2">（课程配套测试练习题目）</td></tr>
</table>

图2-13　教学设计模板

以微课"客户促单四个技巧"为例，该课程是微课程，销售人员在与客户进行商品推介时，介绍提升成单效率的几个技巧。

限于篇幅，在案例中"内容主体"部分没有完全展开，教学设计文档参考如案例所示。

📝 案例　客户促单四个技巧

<table>
<tr><td colspan="4" align="center">课程名称教学设计</td></tr>
<tr><td colspan="2">课程题目</td><td>客户促单四个技巧</td><td>作者</td><td>×××</td></tr>
<tr><td colspan="2">课程类别</td><td>微课</td><td>日期</td><td>×××</td></tr>
<tr><td colspan="2">学习对象</td><td colspan="3">营销序列</td></tr>
<tr><td colspan="2">学习目标</td><td colspan="3">销售人员在与顾客进行谈判时，能够运用四个促单技巧，提高销售成单率。</td></tr>
<tr><td colspan="2">关键词</td><td colspan="3">（促单）</td></tr>
<tr><td rowspan="4">教学设计</td><td>场景导入</td><td colspan="3">小蔡付出了与绩优销售大金同样多的时间和精力去拜访客户，但取得的结果差异很大，究其原因就是因为在销售活动的最后一个环节"促单"出了问题。因此，通过具体促单方法的教学，生动再现促单方法，让学员掌握基本的促单技能。</td></tr>
<tr><td>知识铺垫</td><td colspan="3">（无）</td></tr>
<tr><td>内容主体</td><td colspan="3">促单方法1：直接要求法
（动作）销售人员得到明确购买信号后，直接要求客户购买产品。
（原因）客户一旦有了明确的购买欲望，距离发生实际购买行为就已经很近了，但此时销售人员若不能趁热打铁，往往会错失订单。
（要点）确认明确的购买信号，一旦对客户提出购买要求后，保持沉默，避免分散客户注意力。
（注意事项）在未得到明确客户购信号时，买切不可操之过急明确的购买信号有：
①如果我买了你们的产品，出了问题有售后服务吗？
②某某介绍我来的，他说用着挺好的，是真的吗？
③客户询问运输、交货、付款等购买产品后，才会有的信息。
促单方法2：假设成交法
促单方法3：订单成交法
促单方法4：激将成交法
……</td></tr>
<tr><td>课程总结</td><td colspan="3">总结四个促单技巧，重点强调销售过程实际就是一个买、卖的博弈过程，有效的促单方法就是销售人员在这个博弈中取得优势，获得订单的法宝。</td></tr>
<tr><td colspan="2">参考资料</td><td colspan="3">（无）</td></tr>
<tr><td colspan="2">课前/课后测试或练习</td><td colspan="3">（无）</td></tr>
</table>

到这里我们就介绍完了本章内容"教学设计套路选"，接下来的一章介绍课程开发过程中"教学设计"后的下一个阶段"编写脚本"。

第四章　现：课程呈现脚本编

☕ 摩拳擦掌要做课

技术老研：有几门"飞机发动机原理及新技术研发推广"的课程，技术难度比较大，下周研发团队将统一进行面授交流学习，我需要准备好PPT在培训现场进行讲解。

HR小美：我这有一套"员工入职离职手续"相关的课程，面对新人与离职人员每次都要重复很多次，再也不想重复了。我想录制视频出镜讲解，留下美丽的形象。

生产大壮：我们在开发一系列"电冰箱组装生产线"的课程，都是实操类，需要将生产现场的标准动作录制成视频课程。

销售大金：汽车新产品上市，我们想开发一门动画课程放在展厅里循环播放，因为挑选汽车的顾客中有很多家属随从，动画课程老人孩子都能看懂。

阿文老师：真为你们高兴。有了课程选题、内容萃取与教学设计的基础，看来大家已经摩拳擦掌计划进入下一阶段的课程开发了。不过在这为大家提个醒，千万不要着急制作，因为还有一个重要的环节——编写脚本。

在实际培训环境中通常有面授与在线学习两种经典模式。面授时通常会采用PPT及辅助素材进行现场演示，在线学习有点播课和直播课两种常见形式。

阿文老师是70后，上小学时印象最深的就是老师兢兢业业、言传身教的形象。他们每天都在"吃"粉笔灰，但写出的板书极漂亮，并且内容逻辑清晰、重点突出。后来才知道，上课之前，老师们都会准备详细的教案，以备在45分钟课堂时间内既能把控好时间，又能把知识点讲解清楚，还要把板书呈现得逻辑清晰、重点突出。

后来，随着教学设备不断完善，添加了电脑、投影等设备，就可以用PPT辅助教学了。现在，随着互联网时代的到来、在线E-learning平台的不断发展，越来越多的培训组织开始运用多种技术手段制作在线课程，形式也越来越丰富，画面也越来越精美。

无论是"吃粉笔灰"的时代的还是E-learning时代，在课程选题、内容萃取、教学设计后都需要一个载体先来记录课程内容，然后再转化为最终的呈现形式。儿时的老师编写的是"教案"，现在这个载体被称为"脚本"。（如图2-14所示）

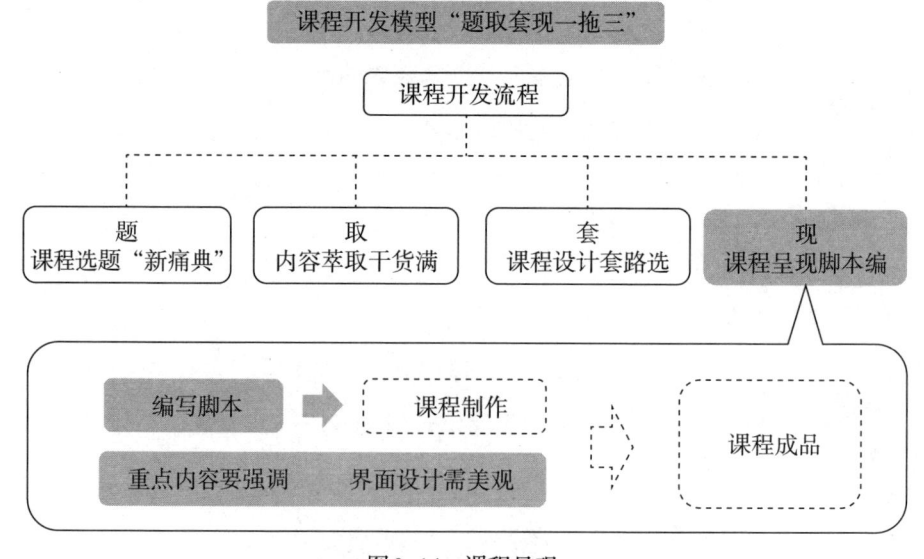

图2-14 课程呈现

课程制作的最后一个环节就是编写脚本、制作课程了。根据实际培训目标的需要，课程形式可能会非常多样，无论最终以何种形式呈现，脚本的作用是提前设计好课程中每一个画面的具体要求。在这一章节中我们主要介绍脚本的相关内容。

第一节 脚本结构必记清

1.脚本是什么

脚本

> **脚本**
> 是指表演戏剧、拍摄电影等所依据的底本又或者书稿的底本。脚本可以说是故事的发展大纲，用以确定故事的发展方向。之后，确定故事发生在什么地点，什么时间，有哪些角色，角色的对白、动作、情绪的变化等，这些细化的工作都是剧本上所要清楚确定下来的。
>
> **课程脚本**
> 该定义迁移到课程开发中，在完成教学设计、制作课程之前的环节，编写文档记载课程画面效果与语音旁白，之后保证使用任何技术手段都能呈现一样的教学内容、达到相同的课程目标。

为什么在课程制作之前还要编写脚本呢？因为课程的教学目标与教学内容相同，但使用场景不同，就像HR小美、大壮他们的诉求，有的是面授课程，有的是在线点播课程，其中的技术手段越来越丰富。

在脚本中书写清楚课程中每一个画面所对应的动画效果与旁白配音，后期无论采用哪种技术、实现几维动画，都能保障课程目标与课程内容的一致性。

编辑脚本有两种常见形式，分别是Word版本和PPT版本，接下来我们分别认识一下。

1. PPT版本脚本

脚本主要包括两部分内容。（如图2-15所示）

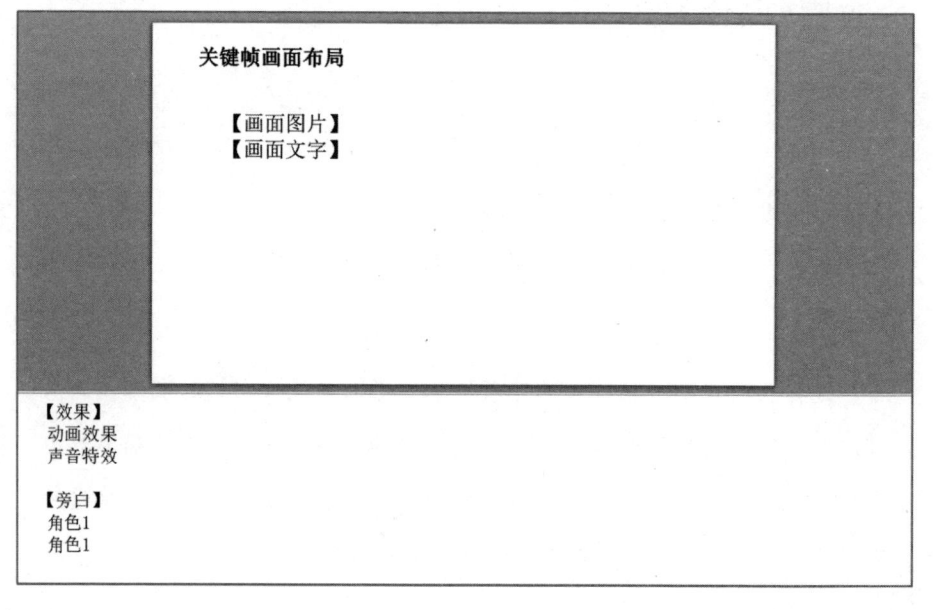

关键帧画面布局

【画面图片】
【画面文字】

【效果】
动画效果
声音特效

【旁白】
角色1
角色1

图2-15　PPT脚本模板

第一部分，画面效果，在PPT幻灯片编辑区编辑。

在介绍画面效果之前先了解一下"帧"和"关键帧"的概念。"帧"是动画中的单幅影像画面，相当于电影胶片上的每一格镜头，在动画软件的时间轴上，帧表现为一格或者一个标记。"关键帧"是指角色或者物体运动变化中关键动作所处的那一帧，关键帧与关键帧之间的动画可以由软件创建添加，叫做过渡帧或者中间帧。

在脚本设计中，我们只需要对"关键帧"进行编写，不需要对"过渡帧"进行记录。对关键帧进行画面布局设计，包括画面上呈现的图片、文字，以及排版布局。脚本关键帧的编写如图2-16所示。

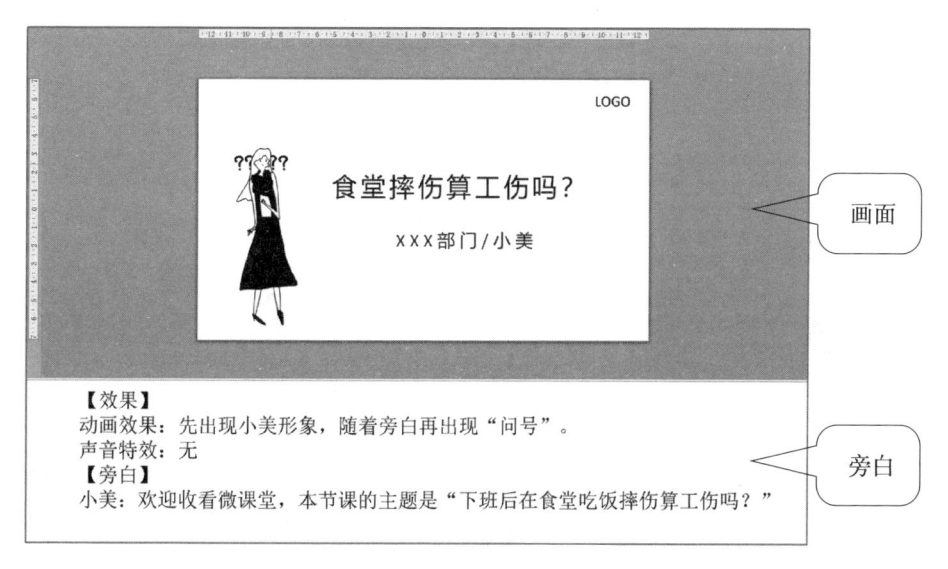

```
                                           LOGO

                    食堂摔伤算工伤吗？
                                                        画面
                       ×××部门/小美



【效果】
动画效果：先出现小美形象，随着旁白再出现"问号"。
声音特效：无                                              旁白
【旁白】
小美：欢迎收看微课堂，本节课的主题是"下班后在食堂吃饭摔伤算工伤吗？"
```

图2-16　PPT脚本案例

第二部分，旁白，在PPT幻灯片的备注栏编辑。

旁白也称为逐字稿，是配合画面需要描述讲解的课程内容。有的小伙伴有疑问了，如果课程是自己开发的，对课程内容非常熟悉，每一个画面讲什么内容都在脑子里装着呢，还有必要记录到备注栏里吗？分两种情况，如果旁白是课程开发人员自己录音，即使表达能力再好，也不能保证不出现任何错误的一条过，所以备注旁白保障了后期的录音质量与效率。第二种情况，各种组织对培训的要求越来越高，找专业演员配音完成旁白，会让课程品质提升很多，所以旁白的作用就毋庸置疑了。

如果还有动画以及声音的特殊效果，也可以在备注栏中记录下来。比如"欢快的背景音乐""砰砰的关门声""尴尬的乌鸦叫""寒冷的北风吹"等。

2. Word 版本脚本

Word 版本与 PPT 版本的内容是相同的，只不过因为编辑工具的不同在形式上稍有差异。同样包括画面效果及旁白两部分，在备注栏中说明需要的动画特效及声音特效等特殊要求，模板及案例参考如图 2-17 所示。

下班后在食堂吃饭摔伤算工伤吗

脚本正文
课程人设/背景介绍：小美是人资专员，小毛在食堂吃饭摔伤，小勇是小毛的同伴，来向小美咨询小毛摔伤是否算工伤。
片头及课程封皮

镜头号	画面/图文	旁　白	备注
P1			

课程内容

镜头号	画面/图文	旁　白	备注
P1	【动画】 标题与人设小美同时出现，随着旁白，在小美头上出现问号。 【文字】 标题"下班后在食堂吃饭摔伤算工伤吗？"	（旁白）欢迎收看微课堂，本节课的主题是"下班后在食堂吃饭摔伤算工伤吗？"	
P2	【动画】 人设小毛和小勇，走路去食堂。小毛摔倒，小勇打电话，救护车出现。 【文字】 无	（旁白）小白和小勇在单位里是要好的饭友，中午下班后相约一起去单位外包的食堂吃午饭，不料小毛摔了一跤，小勇赶紧拨打120叫了救护车送小毛去医院。	声音特效为救护车的声音
P3	【动画】 小勇跑去人力资源部办公室，出现人资办公室标识。 【文字】 在食堂吃饭摔伤算工伤吗？	然后，小勇急匆匆地跑到单位的人力资源部办公室询问："小毛在食堂吃饭摔倒了，是否算工伤处理呢？"	

图 2-17　WORD 版脚本案例

2.脚本关键帧

在"教学设计"中我们介绍课程命名、课程目标、场景导入、内容展开以及凤尾结束几个部分。这几部分在脚本中也需以关键帧呈现出来。主要包括封皮页、课程目标、目录页、课程正文、课程总结以及封底页等,构成课程的完整架构。

"教学设计"与"脚本关键帧"的对应关系如图2-18所示。

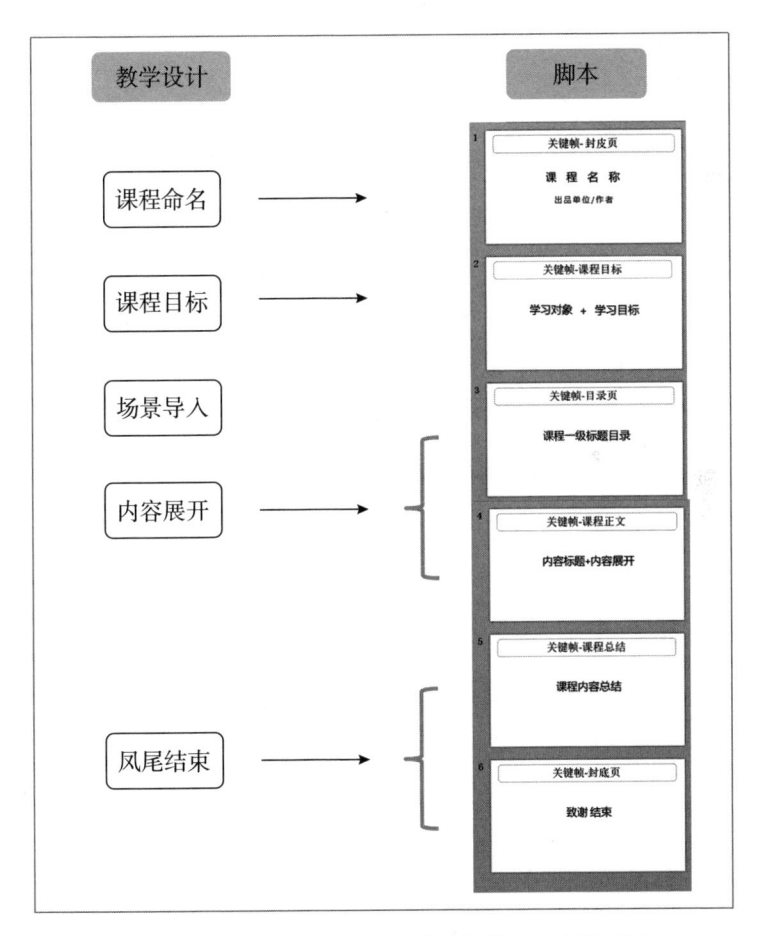

图2-18 "教学设计"与"脚本关键帧"对应关系图

- ✓ 封皮页
  - ◇ 封皮页是课程的首页，在这里需要将课程名称、出品单位以及作者呈现出来。很多培训组织，通常会要求添加代表组织的logo或者相同的模板等作为统一标准。
- ✓ 课程目标
  - ◇ 该部分描述课程目标，主要包括学习对象和学习目标两部分，在"课程目标定锚点"一节中介绍了ABCD描述法，可供参考。
- ✓ 目录页
  - ◇ 目录页呈现出课程的所有一级标题。我们在"金字塔搭建课程框架"一节中介绍了获得课程分级标题的方法，在这里将课程的一级标题的目录呈现出来。
- ✓ 课程正文
  - ◇ 课程正文部分详细记录了全部内容。在"内容展开要翔实"一节中我们分别介绍了内容描述的策略，包括逻辑表达、SMART原则等，都可以用在这一部分。需要注意的是，课程的一级标题页需要单帧展示，在标题单帧页后再展开该标题下的内容，并且配合旁白介绍"以上介绍的是第×××部分，接下来介绍第×××部分"。这种承上启下的结构让课程逻辑更加清晰，让学习者更轻松。
- ✓ 课程总结
  - ◇ 到这里课程即将结束了，将重点内容进行总结回顾。在"凤尾结束余音绕"一节中介绍了课程总结的常用方式，比如总结提炼、号召展望等，也可以用金句总结的形式呈现。
- ✓ 封底页
  - ◇ 在最后的封底页，对学习者表示感谢，课程到此完美结束。

脚本关键帧案例参考如图2-19所示。

第二部分　课程开发的基本流程

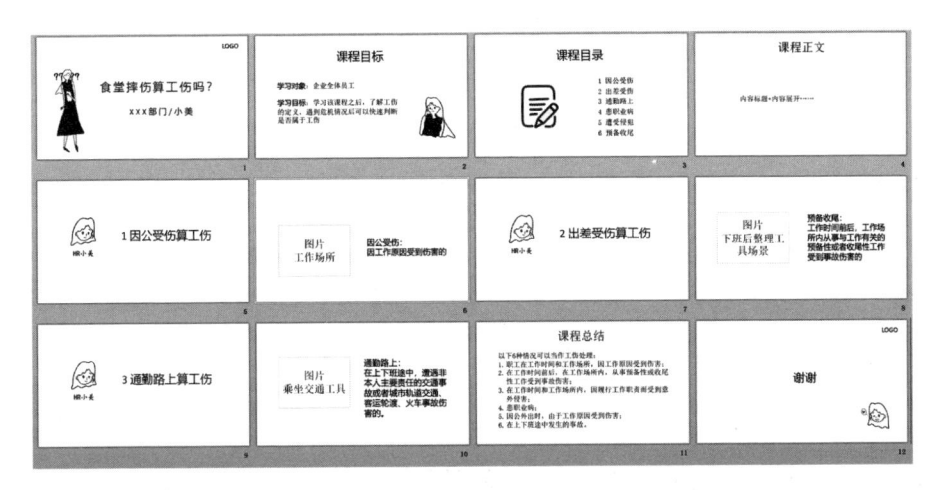

图 2-19　脚本关键帧

在编写脚本关键帧时有几个温馨提示。

提示 1：灵活处理 "场景导入"

教学设计中的 "场景导入" 是为了吸引学习者兴趣设计的环节，在课程呈现时可以灵活地处理其位置。比如课程一开始就以讲故事的形式介绍场景故事，然后再引出 "课程名称" 与 "课程目标"；也可以在 "课程目标" 之后的环节讲解 "场景故事"，然后再开展 "课程正文" 展开。总之，根据实际需要，灵活把握 "故事" 出现的时机。

提示 2："一级标题" 作为独立单帧

教学设计中的 "内容展开" 是课程的主体部分，在这里记录课程的全部内容，切记一定将 "一级标题" 作为独立的单帧页呈现出来，"一级标题单帧页" 后再展开详细内容。将金字塔原理的框架逻辑以更直观的形式展示出来，如图 2-20 所示。

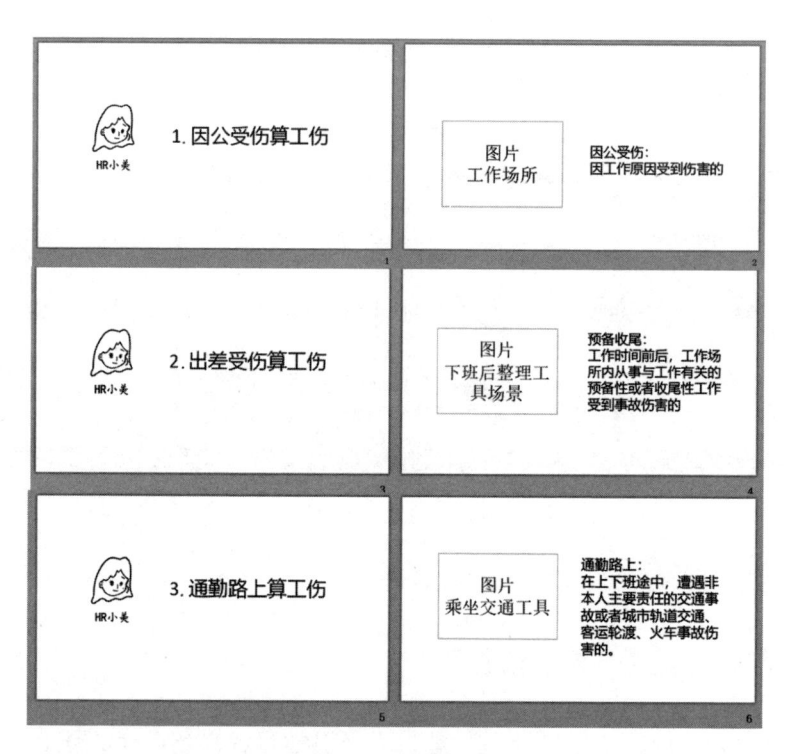

图2-20 一级标题呈现

提示3：把握好关键帧数量与讲授时间关系

通常授课时间长短不同，需要准备的页数也不尽相同，可以参照如表2-8所示进行内容的准备。

表2-8 准备内容

课程	授课时间计划	PPT页数/脚本关键帧
少于8分钟	1分钟1页	8页以内
8～30分钟	大约3分钟1页	4～10页
30～90分钟	3～5分钟1页	6～30页
半天（3小时）	6～8分钟1页（包括课堂套路、活动）	20～35页
一天（6小时）	7～10分钟1页（包括课堂套路、活动）	30～50页
两天（12小时）	7～10分钟1页（包括课堂套路、活动）	70～110页

第二节　重点内容要强调

前期萃取由少到多。在内容萃取阶段通过基于问题萃取和基于场景拆解KSA获得了很多知识、技能、态度，在教学设计特别是内容展开阶段又将萃取的知识通过SMART原则、重难点描述、用案例丰满等方法进行了详细描述。

后期呈现由多到少。内容萃取和教学设计阶段得到的内容在脚本阶段如何处理呢？脚本阶段的任务是将课程内容进行两个维度的包装，通过两个途径同时传递给学习者，已达到最好的教学效果。第一个途径是"听"，也就是旁白，需要将所有内容详细讲解明白，并且尽量使用通俗易懂的白话进行描述，就是为了容易懂；第二个途径是"看"，也就是画面上呈现的内容，配合完整的声音旁白，这时候需要将重点内容呈现到画面上，而不是全部内容的呈现，是对内容的高度提炼总结，将关键词汇让学习者用眼睛看到，也就是为了容易"抓重点"。所以脚本阶段的呈现是信息由多到少的过程。

在画面上呈现重点内容，其中有两个技能需要重点了解，分别是精简能力和凸显能力。

精简重点内容

大段文字进行精简与逻辑结构的呈现。精简内容需要突出内容之间存在的逻辑，有的时候逐条陈述，有的时候需要通过逻辑关系进行表达。然后再精简画面上的文字，只保留不能再删除的关键字。

凸显重点内容

对精简内容进行重点文字的凸显效果处理。当文字段落中有重点内容，需要突出强调时，可以把字体加粗、加圈、字号变大、颜色凸显、加下划线、加标注。（如图2-21所示）注意，一般不使用斜体强调重点内容。

| 开发一门场景化课程 |

AAAAAA**BB**AAAAAAAAA	字体加粗
AAAAAA B̄B̄AAAAAAAAA	字体加圈
AAAAAA BB AAAAAAAAA	字号变大
AAAAAABBAAAAAAAAA	颜色凸显
AAAAAA<u>BB</u>AAAAAAAAA	加下划线
■CC■ AAAAAAAAAAAA	添加底色

图2-21　内容凸显

案例　文字精简/重点凸显

文字精简/重点突出

教学设计原文："在工作时间和工作场所内，因工作原因受到事故伤害的应当认定为工伤。只要职工受伤的原因是工作行为引起的，无论来自自己或者他人，就应当认为是工作原因，作为认定工伤的依据。"

脚本设计：

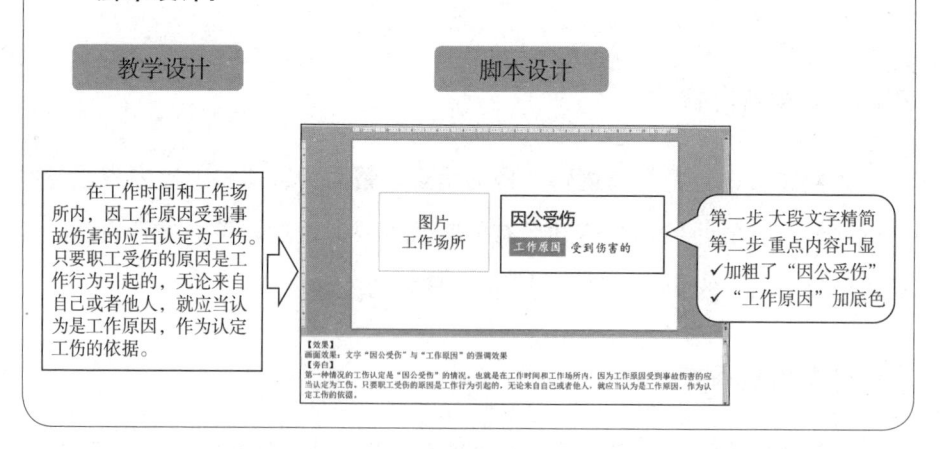

教学设计 → 脚本设计

在工作时间和工作场所内，因工作原因受到事故伤害的应当认定为工伤。只要职工受伤的原因是工作行为引起的，无论来自自己或者他人，就应当认为是工作原因，作为认定工伤的依据。

图片
工作场所　**因公受伤**
　　　　　<u>工作原因</u>受到伤害的

第一步　大段文字精简
第二步　重点内容凸显
✓加粗了"因公受伤"
✓"工作原因"加底色

【效果】
画面效果：文字"因公受伤"与"工作原因"的凸显效果
【旁白】
第一种情况的工伤认定是"因公受伤"的情况，也就是在工作时间和工作场所内，因为工作原因受到事故伤害的应当认定为工伤。只要职工受伤的原因是工作行为引起的，无论来自自己或者他人，就应当认为是工作原因，作为认定工伤的依据。

旁白部分与教学设计中的文字保持一致，但画面上呈现的文字进行了精简。只保留了"因公受伤　工作原因受到伤害的"，其中"因公受伤"进行了加粗凸显效果的处理，"工作原因"进行了加下划线凸显重点的处理。

案例　图形化内容结构——时间轴

该案例为《客户经理的一天》，教学设计中使用了400字左右进行详细的描述，但在脚本画面的设计中需要精简文字，并且做到有逻辑的呈现。这段文字有明显的时间先后顺序，所以采用时间轴的逻辑关系进行重点内容的呈现。

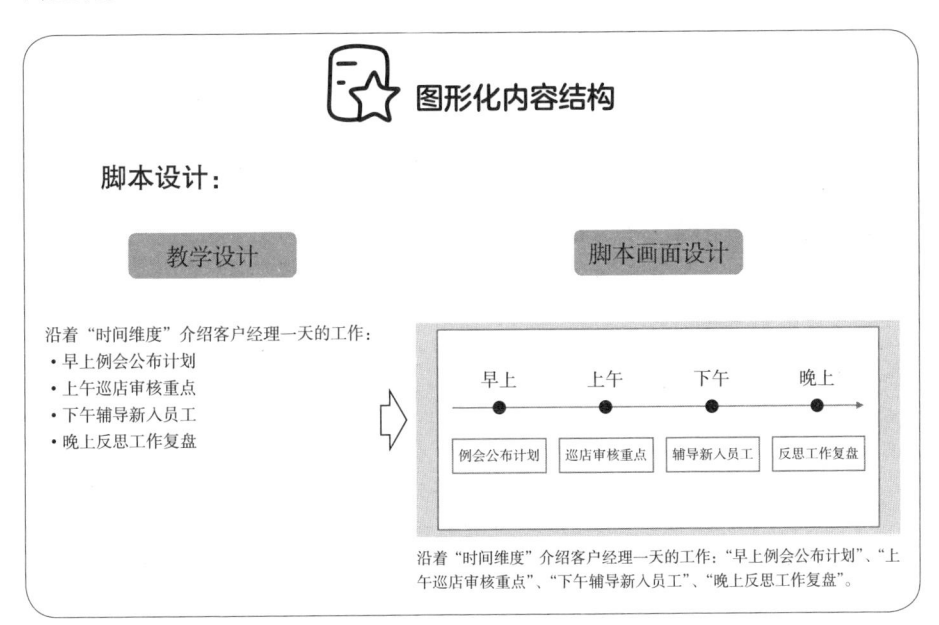

有关其他逻辑结构的呈现不一一列举了，经常使用的有时间轴、并列、构成、递进、矩阵等逻辑关系，在脚本设计画面时，选用适合的图形表示内容的逻辑结构非常有利于学习者的理解。（如图2-22所示）

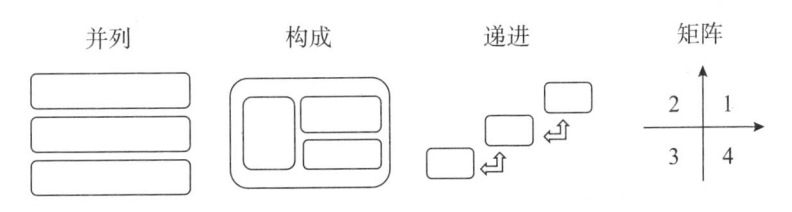

图2-22　图形化结构

可以使用使用PPT自带的SmartArt功能，方便快捷，可涵盖大部分逻辑关系。还可以下载相应的逻辑结构素材包，节省排版美化的时间。

点破误区

误区1：文字过多或过少

脚本关键帧中的文字过多或过少。

- ✓ 文字过多。读者目不暇接，导致核心内容、关键字被淹没在大段文字中，既要听又要读，没有时间提炼、消化希望他们记住的内容。学习者有抓不住重点的感觉。如果确有很多重要的内容需要呈现在画面中，则可以将内容进行拆页处理，比如将一个画面拆解为三个画面，再进行文字精简。
- ✓ 文字过少。如果过分追求精简，比如200字删减成了10个字，则可能出现下列问题：
  - ◇ 学习者听着大段的旁白，却看不到重点内容的提炼呈现，同样会有抓不住重点的感觉；
  - ◇ 画面内容和旁白内容悬殊过大，使得画面长时间处于停滞状态，会分散学习者的注意力，导致"听"的兴趣下降。

误区2：字体字号变化太多

有的小伙伴刚刚接触制作课程，为了突出文字的强调效果，使用多种形式变化，比如多种字体、多种字号、超过三种以上的凸显效果，以上这些是不妥当的。建议一页重点帧中最多运用两种凸显效果的呈现形式。

误区3：只用文字传递信息

信息传递方法理论中有这样的说法，叫做："文不如表，表不如图，图不如视频"。经常是，一张表格就能够清晰地说明事件中对象之间的关系；而一张图更会赋予这种关系以空间感的表现；如果采用连续变化的图形，则连时间关系都表现出来了。这无疑会促进、加深学习者对问题的理解。反之，如果单纯用文字进行描述，可能会花费大量的口舌，并且很难给学习者建立起清晰的逻辑关系。

第三节　界面设计需美观

在编写脚本和制作课程中会涉及画面的排版及配色等与课程"颜值"有关的操作，不是每个课程开发人员都具备专业美术功底，如何做才能保证课程画面美美的呢？

在这一节我们从构图、配色、图标、文字等几个元素进行介绍，每一项掌握几个简单的小技能让课程"颜值"迅速达到优秀。

1.构图：巧用黄金分割

我们在规划课程框架时借鉴了金字塔原理，在画面的构图上有没有类似的"宝贝"原理呢？还真的存在一个数字可以担当这份责任，它就是黄金分割。

黄金分割

> 黄金分割是指将整体一分为二，较大部分与整体部分的比值等于较

小部分与较大部分的比值，其比值约为0.618.这个比例被公认为是最能引起美感的比例，因此被称为"黄金分割"。

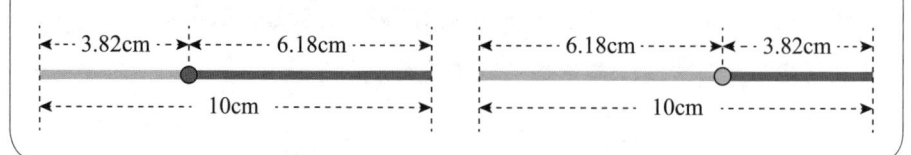

在建筑界例如古希腊神殿、古埃及金字塔等建筑的比例都遵循了黄金分割比例；在自然界比如很多树叶，主叶脉与整个叶子长度之比约为0.618；在动物界比如蝴蝶，身长与双翅展开后的长度之比接近0.618。（如图2-23所示）

图2-23 黄金分割比例

恰巧人类目光在自然状态下注视前方，会形成一个长方形，这个长方形的长和宽的比也是0.618，这个框架被称为"最佳视觉框架"。

黄金分割具有严格的比例性、艺术性、和谐性，体现在绘画、雕塑、建筑等众多艺术领域，蕴藏着丰富的美学价值，这一比例能够引起人们的美感，被认为是最理想的比例。

了解了黄金分割的由来，我们需要解决的是如何用在版面设计中。遵循0.618这个数值，用一条线段对版面进行分割时，会得到两个矩形：较小矩形/较大矩形=较大矩形/原矩形=0.618。

这样的线段在版面中有12条，也就是说矩形版面有12种黄金分割形式。（如图2-24所示）

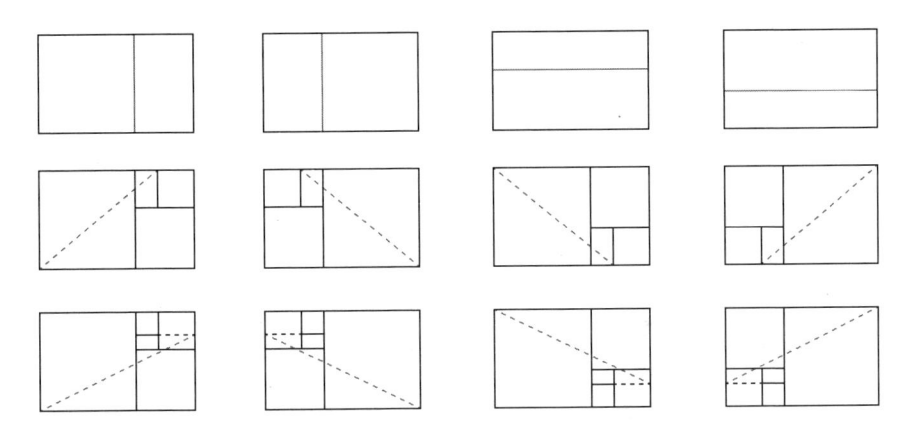

图 2-24 黄金分割板式

并且每个矩形按照黄金分割的原则进行切分会无限得到下一层级的黄金分割版面，为众多元素在同一个版面中的摆放有了充分的依据。（如图 2-25 所示）

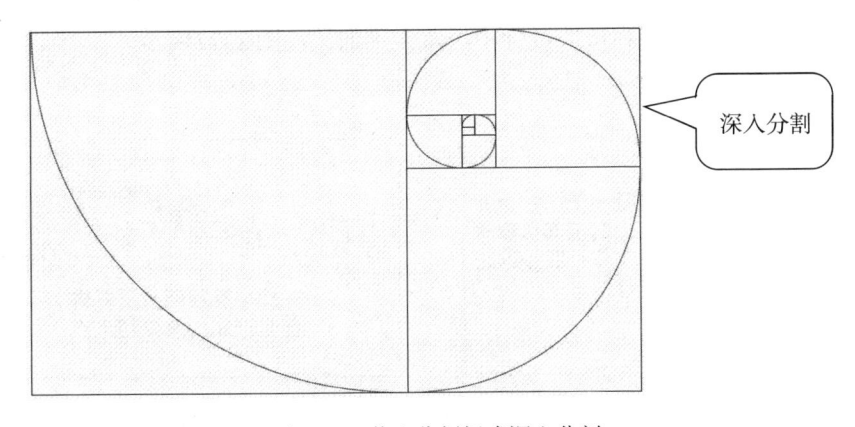

图 2-25 黄金分割板式深入分割

将文字、图片、图标等不同元素放置在分割好的范围内，就是采用了黄金分割比例构图，整个画面的排版给人一种美感的同时层次清晰、重点突出。例如图 2-26 所示排版中，通过黄金分割线得到两个矩形面积，因为该页是课程标题页，文字内容是"主角"放置在大矩形里，图片是"配角"放置在了小矩形里。

图是"配角"　　　　内容是"主角"
　　　　　　　　　　　61.8%

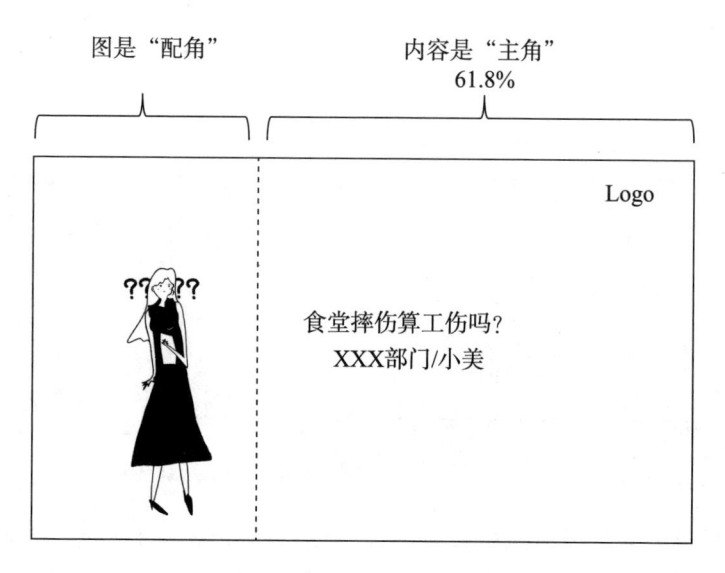

图2-26　黄金分割比例结构案例

　　除了0.618这个黄金分割值，其实二分法、三分法、四分法都是很好的分割比例，也是我们在版面设计中经常使用的，如图2-27所示。

二分法

三分法　　　　　　　四分法

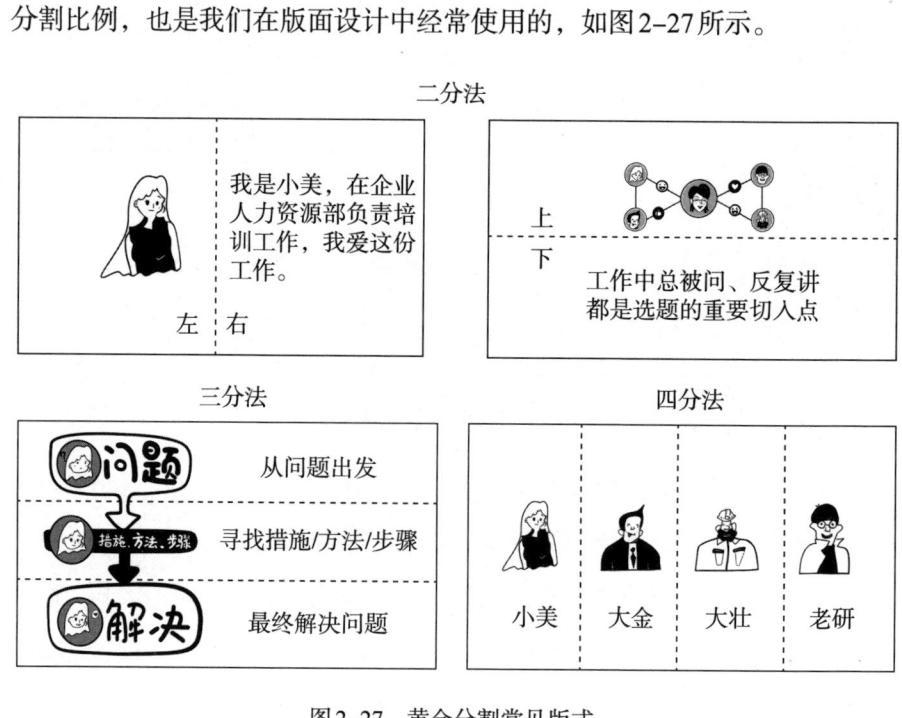

图2-27　黄金分割常见版式

2.配色：借用企业主题色

在这一节我们介绍有关颜色的话题。为什么要了解呢？课程作品就像一件艺术品，了解了颜色，可以用在课程整体设计风格中、封皮封底的版面设计、重点文字的凸显、选择图片的依据等，让课程不但有"料"，更有"颜值"。

先了解一下"组织的颜色"。随着越来越多的培训组织兴起，我们有必要探讨一下与组织有关的颜色。通常在企业官网或者企业Logo上都能提取到组织的主题色，代表着与企业文化、理念相关的寓意。比如"国航"的Logo是一只红色的艺术化的凤凰，代表一只美丽的吉祥鸟，红色是中国传统的大红，具有吉祥、圆满、祥和的寓意。比如中国建筑集团的Logo主色调是大海一样深邃的蓝色，展示中国建筑宽广的胸怀，描绘出充满希望和活力的美好未来。

有了企业主题色，在进行课程开发时就有了很好的颜色依据，可以使用企业主题色作为课程的主色调。

再分享一下颜色表的构成。颜色表分为水平和垂直两个方向。水平方向上代表颜色发生变化，比如由红色渐变为黄色、渐变为绿色，再渐变为蓝色等。垂直方向是同一种颜色透明度发生变化，比如深红色渐变为浅红色、深蓝色渐变为浅蓝色。（如图2-28所示）

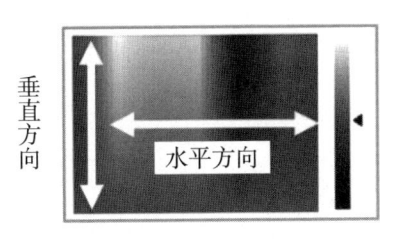

图2-28　颜色表方向

有了以上对颜色的了解，接下来就可以探讨如何在课程版面设计中进行配色了。

保守做法——选1～2个邻近色

最保守的做法是在主色调的基础上选择1～2个邻近色作为补充色，与主色调组成一组颜色，课程通篇只使用其中的颜色。比如企业主题色是蓝色，在颜色表的垂直方向上取色，辅助色选择浅蓝色、深蓝色，由主色调和互补色组成一组颜色。（如图2-29所示）

图2-29　颜色表垂直方向取色

垂直取色的好处在于，使课程整体更稳重，符合培训课程特点，而且不会使画面过于跳脱。就像生活中，在秋季的晨会上，HR小美穿了一件浅咖色的毛衣，一条咖色的短裙，再配上一双深咖色的长靴，因为三个颜色都属于咖啡色系，是不易出错并且容易被大众接受的颜色组合。

高手做法——选对比色或互补色

如果不满足同一色系的颜色搭配，可以使用对比色或互补色进行突出强调。通常情况下，版面中的配色不超过三种，在颜色表上沿着同一水平线选择，比如蓝色、绿色、紫色。（如图2-30所示）

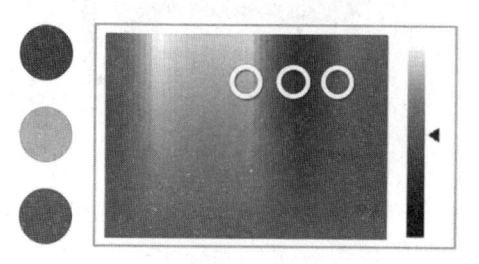

图2-30　颜色表水平方向取色

选择对比色还有一种更简单的方法，在色轮上选择以原点为中心，180度对角的一组颜色。（如图2-31所示）比如蓝色和黄色就是一组对比非常突出的颜色。还有红色和绿色也是一组对比非常突出的颜色，虽然很多人认为红配绿过于俗气，但它是大自然赋予的美，很多植物都是红花绿叶的颜色组合。

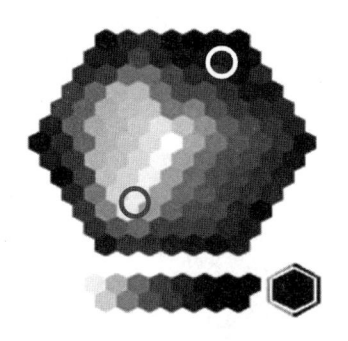

图2-31　色轮对比角度取色

根据行业特点选主题色

如果没有企业主题色做参照，则可以根据行业特点或授课内容选择课程主题色。比如参照岗位特征：销售培训可以选用橙色、绿色等轻松、活跃的颜色；生产、技术培训可选用蓝色、紫色等庄重的颜色；人力行政主题的培训则可选黄色、草绿色等暖色调。或者根据行业属性进行配色，比如医疗使用绿色主题色，党政类课程使用红色主题色等。

特别提醒的是，黑白灰是永远的基础色，所有主题色是在"黑色＋白色＋灰色"三个基础色上的搭配。就像就餐时的各系菜品，无论是川菜、鲁菜还是粤菜，米饭、馒头作为主食与每个菜系都能完美结合，即使没有各菜系的特色，主食也能填饱肚子的道理一样。

3.图标：风格一致要美观

图标在课程中起到很好的助学作用，因为学习的难点是能懂新知识，图标是具有指代意义的图形符号，也就是用抽象的图标代表具体的内容。在没有仔细阅读画面文字或没有来得及听讲解旁白时，每一个图标都可以依据其形状迅速传达知识的信息，图标具有高度浓缩、便于记忆的特性。

常用的图标风格有线性风、扁平风、MBE风拟物风。（如图2-32所示）其中：

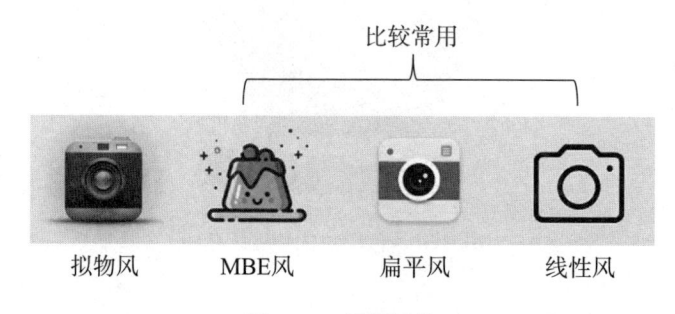

图2-32　图标风格

- 线性风，顾名思义只用线条表现，通过线条的粗细、方向、曲直来展示；
- 扁平风，也是极简的设计风格，用抽象、简化、符号化的设计元素，通常使用色块来表现；
- MBE风，设计时采用了更大更粗的描边，特点是通用、易识别；
- 拟物风，是指写实风格，尽量真实的描绘事物。

原则1：风格统一

了解了图标的风格，在使用时一定注意，在同一门课程或同一系列课程中采用统一风格的图标，不要将线性风或者拟物风"混搭"使用，以保证风格的统一。（如图2-33所示）

图 2-33　图标风格一致

原则 2：内容准确

比如感叹号代表"注意"、问号代表"思考"、纸笔代表"记录"，图标形状的意义表达准确。（如图 2-34 所示）

注意　　　　　思考　　　　　书写

图 2-34　图标内容准确

原则 3：前后一致

在同一门课程或同一系列课程中表达相同内容时保持图标前后一致性，比如始终用问号代表"思考"，切记中间混入其他形状的图标，以避免给学习者引入疑问。

比如在使用图标时确保是高清版本的，如果有条件下尽量使用背景是透明的 PNG 格式的图标，或者使用工具将图标处理成 PNG 格式，便于后期的排版编辑。

4. 文字：关注细节多留心

用于培训的课程中，文字的体现还是很重要的，因此对文字细节的处理直接影响了课程的质量。从以下几个细节分享一下注意事项。

（1）字体

不用于商业的课程，可以采用最常见的字体，比如宋体、黑体等，符合学习者的日常习惯。如果用于商业使用，需要考虑字体的版权事宜。

切记，尽量不使用艺术字体。课程的目的毕竟是为了学习与培训，在最短时间内让学习者看清楚文字的本义，不产生歧义是根本。就像书法大家撰写的毛笔书法，虽具有艺术价值，但有的时候却难以辨认，在课程中起到相反的作用就得不偿失了。

（2）颜色

课程中的文字通常使用黑色和接近黑色的深灰色。对于重点凸显的文字可采用与主题色相关的颜色。

> **温馨提示：慎用大篇幅的红色字体。**

阿文老师在辅导学员时通常会遇到很多小伙伴通篇使用红色字，一问才知道，原来他们认为红色字体更醒目、更有强调作用。过去是皇帝使用红色毛笔字作为"朱批"；现在是老师在判作业时也是使用红色字进行批改。红色字体在中国具有特殊的意义。在课程中偶尔出现几处或偶尔出现几个字是可以理解的，但通篇使用红色就不合时宜了。

（3）字号

关于字号的大小需要充分考虑课程的应用场景，如果是现场培训，标题的字号在28～32号，正文的字号在18～28比较合适。如果是制作成录播课程放在学习平台上或者手机上使用，建议提前测试一下播放环境，根据需要进行字号的调整。

（4）行距

不要让文字在页面内"太挤"，比如采用1.5倍行距，或固定值20磅都可以避免过于拥挤的问题。当然，还需要控制文字的数量，在脚本相关章节中介绍了精简文字的方法，在这里就不再重复了。

通常在一页内呈现7±2条知识较适宜，大家还记得7±2法则吗？一般人的短时记忆容量约为7个加减2个。

本章"课程呈现脚本编"到此为止就介绍完了。我们只介绍了"脚本"的撰写，没有再向后延展。课程开发的最后一个环节是在脚本基础上进行制作，目前课程制作技术和工具非常的丰富多样，市场上也有很多图书及课程供学习参考：比如

- ✓ 线下面授课程，可以使用PPT、Word、PDF等常规办公软件呈现；
- ✓ 在线课程，主要包括点播课程、直播和交互课程，其中
    - ◇ 点播视频课程，包含二维效果的动画，较常见的二维动画工具有Flash（Adobe Flash）、来画、万彩动画等；三维动画效果的工具较常见的有AE（Adobe After Effects）、PR（Adobe Premiere）、喀秋莎、爱剪辑、剪映等剪辑工具；
    - ◇ 交互课程，常用的交互式课件制作工具有iSpring、Storyline等；
    - ◇ 直播课程，由各个在线学习平台提供的直播功能即可实现。

关于以上技术和工具在本书就不再展开了。

到这里我们就介绍完了本章内容"课程呈现脚本编"，也完成了课程开发的全部过程四个步骤。

接下来的几个章内容结合企业需求，进行本书的课程开发模型"题取套现一拖三"中的"三"即"微课""大课""案例课"的讲解，针对各自的特殊性进行介绍。

- ✓ 面授大课：在面授应用场景中使用的"大课"，通常时长在2～3个

小时到3～5天不等；
- ✓ 在线微课：3～5分钟短小精干的微课程已经成为在线学习平台的宠儿；
- ✓ 案例课程：案例更具有工作场景感，具有易萃取、易沉淀和易传播的特性。

这几种课程类型因为课程特点各异、应用场景不同，在开发中的关键动作与注意事项也不尽相同。

第三部分

典型课程设计

第一章　金币微课：企业微课设计关键点

在 E-learning 时代背景下，时间短小，形式丰富的微课深受学习者的喜爱。微课解决具体问题、更聚焦，满足了碎片化学习时间的需求。但单独的一门微课程也有不足，知识点独立分散，不利于系统化的学习。

不知道小伙伴们知道铜钱吗？把铜钱盘起来缠绕腰间，既方便携带又安全。"盘缠"一词就来源于此。用绳索将一千个铜钱穿在一起就是一吊钱或称做一贯钱。

铜钱与微课有什么关系呢？在古代，一枚铜钱是一个最小的货币单位，一千个铜钱组成一吊钱又形成了更高级别的货币单位。我们从中悟出了同样的道理，三五分钟时长的微课程是一门最小的课程形式，但多门微课程是否能组成一门大课或者一个课程体系呢？答案是肯定的。

所以在这一章，我们把微课比喻成了铜钱进行升华，从铜钱升级到金币。从培训的角度出发，希望：

- ✓ 小微课大作用。如果是一门微课，让它发挥最大的价值。
- ✓ 系列微课系统化。如果是多门微课，组成一个系列，在保留微课优势的同时，满足系统化的学习需求。

接下来，在课程开发基本流程上，聚焦"一门微课"和"系列微课"开发的关键点进行分享。

第一节 微课"一个维度"原则

在微课开发中最重要的概念和应遵循的原则是"一个维度"。通俗一些说一个维度就是站在同一个角度描述一件事，目的就是让学习这件事情变得更简单。

举一个生活中的案例，比如老爷爷是一位宠物爱好者，他擅长养小猫和小狗，当我们请教他如何饲养宠物时，如果老爷爷一会儿介绍如何养猫，一会儿介绍如何养狗，我们这些初学者可能就很容易混淆了。这时候，我们提出一个要求，让老爷爷只介绍养猫，或只介绍养狗，我们在学习时也只学一种宠物的饲养技巧，这样学习就变得容易了。在这里，围绕着一种宠物展开知识的讲解，其实就是沿着"一个维度"。

再举一个企业活动的例子。工会组织主题为"美丽的中国"摄影作品大赛。作为旅游摄影达人的销售大金和生产大壮都是积极的参与者。但是他们两人的摄影风格却完全不同。

生产大壮偏爱风光摄影，销售大金则偏爱人文摄影。

生产大壮的一组参赛作品是：美丽的中国——西北风光：

"天蓝草茵的呼伦贝尔大草原""白雪皑皑的喜马拉雅山"和"浩瀚无

垠的塔里木沙漠"。

销售大金的参赛作品是：美丽的中国——少数民族姑娘的美丽头饰："蒙古族姑娘的奢华头饰""维吾尔族姑娘的迷人辫子"和"瑶寨长发村姑娘的美丽长发"。

通过以上两种方式的介绍，或者围绕"风光"，或者围绕"人文"，只沿着一个维度去介绍，最终介绍的主题是美丽的中国，不混着介绍多个维度的知识，就是希望让学习者少动脑，少就是多，只有少讲，"懒惰"的大脑才容易记住。

案例　美丽的中国

美丽的中国

风光摄影　人文摄影

大壮 "风光"维度——风光美如画
- 天蓝草茵的呼伦贝尔大草原
- 白雪皑皑的喜马拉雅山
- 浩瀚无垠的塔里木沙漠

大金 "人文"维度——少数民族姑娘美丽的头饰
- 蒙古族姑娘的奢华头饰
- 维吾尔族姑娘的迷人辫子
- 瑶寨长发村姑娘的美丽长发

案例分析：在上面的例子中，两人在展示"美丽的中国"时，都是只沿着一个维度展开，使人感觉主题清晰，印象深刻。

微课之所以受欢迎，一个重要的原因就是时间短、内容聚焦，学习者能轻松接受。为了让知识简单，使学习者少动脑、多学会，就需要对较多的知识进行"瘦身"操作，沿着一个维度梳理知识就是一个重要的"瘦身"策略。（如图3-1所示）

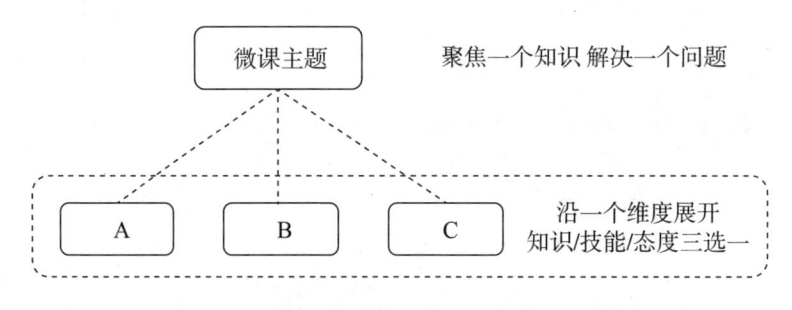

```
        ┌─────────┐
        │ 微课主题 │      聚焦一个知识 解决一个问题
        └─────────┘
         ╱   │   ╲
    ┌───┐ ┌───┐ ┌───┐    沿一个维度展开
    │ A │ │ B │ │ C │    知识/技能/态度三选一
    └───┘ └───┘ └───┘
```

图3-1　微课沿一个维度展开

在这一节中我们就介绍如何围绕一个维度开发微课程。有了"一个维度"的原则，微课开发就比较简单了，做两件事即可。

- ✓ 第一件事，聚焦一个知识点选题。因为是微课，所以经典的微课内容就是一个知识点，或者是知识，或者是技能，或者是态度。
- ✓ 第二件事，围绕一个维度展开课程内容。

1.聚焦一个点选题

聚焦一个点选题。可以聚焦一个知识，也可解决一个问题。在前面章节中我们已经介绍了如何选题，在此基础上，微课选题把握好"聚焦"就可以了。

聚焦精准的工作场景

举一个例子。开发一门关于沟通方法的微课，不能是通用的、泛指的沟通、谈判这类比较大的任务场景，如果是沟通，需要聚焦到：

- ✓ 沟通："跨部门沟通推进任务"
- ✓ 沟通："客服失效挽回的沟通话术"

虽然都是沟通工作，但微课选题需要回答更具体的沟通场景、更精准的定位。

聚焦一个痛点

这个点可以是工作中的痛点、工作中的雷区。比如人力资源部门在进行面试时一个典型任务是筛选简历，"含水分"的简历是每个面试官都会遇到的痛点，在这个大任务中有没有更聚焦的痛点呢？比如：

- ✓ 筛选简历：挤出简历中的水分——"校园招聘"篇
- ✓ 筛选简历：挤出简历中的水分——"社会招聘"篇

将选题聚焦到"校园"简历和"社招"简历的痛点上，将微课的价值发挥到更大。

2.围绕一个维度展开

在微课选好题之后就可以展开内容开发了。课程开发中"用金字塔原理规划课程框架"方法依然适用，在使用金字塔原理搭建微课架构时注意两件事。

微课只有一级目录

因为是小微课，知识点聚焦，所以只保留一级目录，不建议展开二级目录。一级目录直接回答微课题目、课程目标。

微课一级目录沿着一个维度展开

一级目录沿着一个维度展开回答微课题目，可以采用时间轴、并列、递进等逻辑关系。

案例　客户经理的一天

时间维度

案例微课：客户经理的一天

知识类型：技能型

一级目录：沿着时间维度展开

题目是"客户经理的一天"，一级目录沿时间轴展开客户经理一天的工作，一级标题直接回答微课题目。

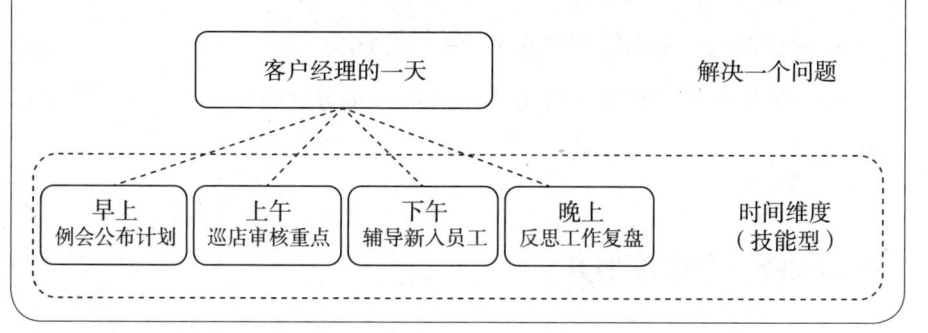

```
            客户经理的一天                  解决一个问题
         ┌────┬────┬────┐
       早上   上午   下午   晚上           时间维度
     例会公布计划 巡店审核重点 辅导新入员工 反思工作复盘    （技能型）
```

案例　去除灶台油垢小窍门

方法维度

案例微课：去除灶台油垢小窍门

知识类型：技能型

一级目录：沿着方法维度展开，并列关系

题目是"去除灶台油垢小窍门"，一级目录是四个方法直接回答微课题目。一级目录的维度是方法，逻辑关系是并列。

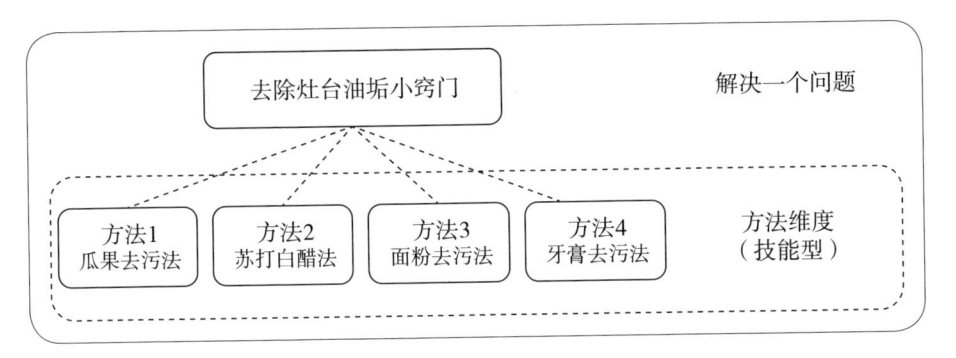

```
┌─────────────────────────────────────────────────┐
│         去除灶台油垢小窍门      解决一个问题        │
│    ┌────────────────────────────────────┐       │
│    │ 方法1    方法2    方法3    方法4    │方法维度 │
│    │瓜果去污法 苏打白醋法 面粉去污法 牙膏去污法│（技能型）│
│    └────────────────────────────────────┘       │
└─────────────────────────────────────────────────┘
```

　　沿着一个维度展开微课能理解，可是总感觉有些知识是很有必要，舍不得丢，但又塞不进一级标题，比如在"去除灶台油垢小窍门"中还想介绍"为什么灶台容易产生油垢"以及"去除灶台油垢后如果维护"，这可怎么办？

　　遇到这种问题，首先明确的是微课程只解决一个问题，也就是说Why/What/How三个分支里只选择一个问题展开。在这门课程中是展开的How——如何去除灶台油垢，其他知识就不是这门微课的关键内容了。所以先确定"为什么灶台容易产生油垢"，以及"去除灶台油垢后如何维护"不放到一级目录中。然后如果认为这些内容还需要介绍，也不建议介绍得太过详细，可以作为课程的"知识铺垫"或者融入"课后总结""温馨提示"。课程逻辑结构如图3-2所示。

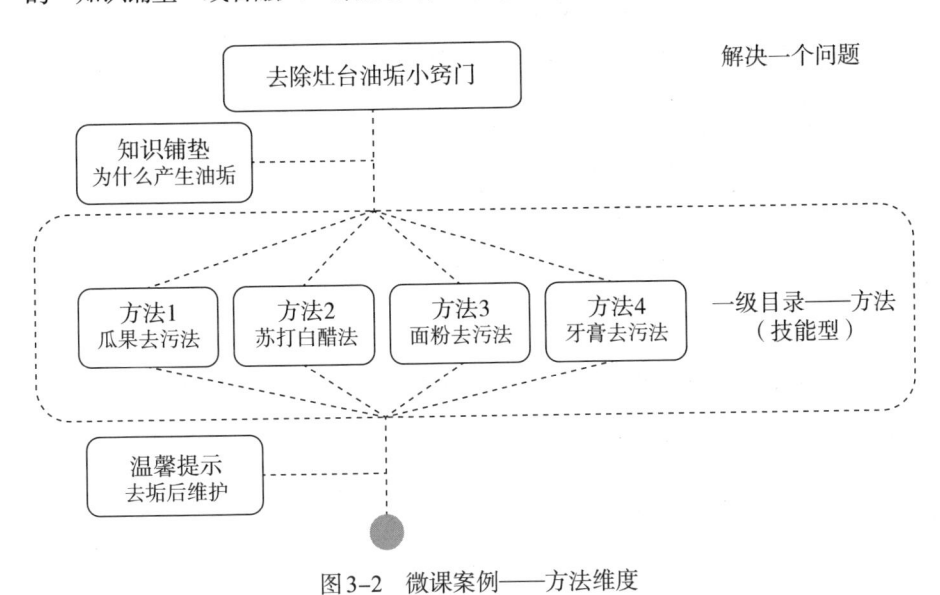

```
              去除灶台油垢小窍门        解决一个问题
       ┌─────────┐
       │ 知识铺垫 │
       │为什么产生油垢│
       └─────────┘
    ┌────────────────────────────────────┐
    │ 方法1    方法2    方法3    方法4    │一级目录——方法
    │瓜果去污法 苏打白醋法 面粉去污法 牙膏去污法│（技能型）
    └────────────────────────────────────┘
       ┌─────────┐
       │ 温馨提示 │
       │ 去垢后维护│
       └─────────┘
```

图3-2　微课案例——方法维度

如果有的内容很有必要再详细展开，放在知识铺垫或温馨提示还是解决不了问题，那么就考虑是否需要再开发一门新的微课程，甚至是由几门微课组成的系列微课程。

3.微课案例集

在这一节中，我们一起分享一些经典的微课程案例。

知识型微课：有什么？

为新入职员工介绍企业的各项福利，增加新员工的幸福感和对企业的认同感，HR小美开发了一门知识型微课程"关爱无处不在，企业福利一览"。

案例　关爱无处不在，企业福利一览

福利有什么？

微课题目：关爱无处不在，企业福利一览

一级标题：

福利1　工会活动福利

福利2　权益维护福利

福利3　技能增长福利

案例分析：

该课程的题目是"福利一览"，从题目上告知学习者福利有什么，所以一级标题以"并列"的逻辑关系直接回答题目，福利1是……福利2是……福利3是……

技能型微课：怎么做？

一线车间从事磁粉质量检测的工作人员双手长期直接接触磁粉/液，会给皮肤带来一定危害，佩戴胶皮手套就能有效保护双手，但因为佩戴和脱掉的过程中摩擦力大，所以很多人嫌麻烦。生产能手大壮发明了一个很巧妙的小方法，在胶皮手套里面再带一副棉线手套就能解决这个问题。有效正确的防护措施，既能保证检测工作的质量，又能呵护自己的双手，企业将其经验开发成微课，推广到车间使用。

案例　两副手套呵护磁粉检测人员的双手

手套怎么带？

微课题目：两副手套呵护磁粉检测人员的双手

一级标题：

步骤1　挑选： 挑选一副适合双手的纱布手套和一副一次性乳胶手套。

步骤2　佩戴： 先戴上纱布手套，然后戴上一次性乳胶手套。

步骤3　清洗： 冲洗干净一次性乳胶手套上的磁悬液等污渍。

步骤4　摘取： 分别取下一次性乳胶手套和纱布手套放置晾干，方便下次使用，节约成本。

案例分析：

该课程题目告诉学习者"如何做才能呵护双手"，所以一级标题展开的时候以"时间先后"的逻辑关系直接回答"如何做"，第一步……第二步……第三步……

技能型微课：妙招有什么？

销售团队每天都要开晨会，有的经理在组织会议时经常东扯西扯，晨会的时间拖延很长，站着参会的员工昏昏欲睡又不敢言语。在晨会流程明确的情况下，如何能开好晨会，激发门店销售人员激情，销售大金开发了"销售经理开好晨会小妙招"进行分享。

案例　销售经理开好晨会小妙招

> **晨会小妙招**
>
> **微课题目：销售经理开好晨会小妙招**
>
> **一级标题：**
>
> **第一招**　时间固定。包括晨会的开始时间要固定，开会时长要固定。
>
> **第二招**　明示任务。部署当天重要的工作任务并将任务明示到看板。
>
> **第三招**　严肃愉快。晨会的气氛既要严肃还需愉悦，多鼓励少批评。
>
> **案例分析：**
>
> 该课程题目是"小妙招"，所以一级标题以并列的逻辑关系直接回答"妙招有什么"，第一招……第二招……第三招……

技能型微课：工具怎么用？

俗话说水火无情，在办公场所如果遇到突发火灾，如何确保员工生命安全，快速借助身边的物品变身逃生工具进行火场自救，生产部的大壮开发了这门非常有价值的"办公室火场逃生会用三种工具"。

案例　办公室火场逃生会用三种工具

> **火场逃生三种工具**
>
> **微课题目：** 办公室火场逃生会用三种工具
>
> **一级标题：**
>
> **工具1**　逃生工具。借用身边物品，比如窗帘或电线变身逃生工具。
>
> **工具2**　求救工具。寻找醒目的衣物、手电筒或手机照明进行求救。
>
> **工具3**　报警工具。拨打119火警电话的话术。
>
> **案例分析：**
>
> 该课程题目是"会用三种工具"，一级标题展开的时候以并列的逻辑关系直接回答三种工具分别是什么？以及如何操作。

技能型微课：怎么卖新产品？

新产品的发布与营销是很多企业必须的工作项。是否有办法快速满足各位销售小伙伴，告诉大家好产品是什么、好产品怎么卖，如何迅速提升业绩？销售大金总结了一个套路"产品好卖：它是啥、它咋卖"。注意：

- ✓ **"它是啥"不是核心内容。**介绍产品和特征以及作用不是课程的核心内容，放到知识铺垫中。
- ✓ **"它咋卖"是微课程的主要目的。**有什么销售策略、销售话术等需要进行一级目录的展开，详细介绍。

案例　三招热销厨师机

销售新产品

微课题目： 三招热销厨师机

知识铺垫：

（它好卖）目的是鼓舞士气。比如基础版每个月销售5000台，现推出升级版，功能更多，价格不变，所以更好卖。

（它是啥）介绍新产品是什么。它是多功能型厨房电器，省时省力，方便快捷。

一级标题：（它咋卖）

1.询问需求，抓住痛点：询问客户痛点，如做饭时切土豆丝累不累/和面费不费时。

2.推荐产品，突出特点：在基础版的基础上，升级版的厨师机经过本土化改造，适合中国食材，如和面、切菜等操作。

3.送出优惠，挠到痒点：升级版新产品的优惠大礼包赠送多个配件，价值2000元等。

案例分析：

该微课题目中体现销售的"三招"，一级标题展开的时候以递进的逻辑关系直接回答"招数"是询问需求……推荐产品……送出优惠……

第二节　系列微课体系规划

在介绍一门微课的时候，有的小伙伴就纠结如果有更多的内容需要呈现到课程中，又塞不进微课一级目录里，该怎么办呢？在这一节中我们解决这个问题。

随着E-learing平台培训趋势越来越成熟，微课的应用也越来越广泛，传统的几个小时的"大课"已经不能再满足学习者"碎片化"时间的要求，将"大课"拆解成"微课"，并且"独成珍珠、串成项链"的系列微课越来越受欢迎。

系列微课是什么，是围绕一个工作任务，选择若干相关的工作场景作为选题。所谓独木不成林，系列化的微课程更能够系统化呈现知识全貌。微课的特点是时间短、容易学，但往往比较分散缺乏系统性，因此可以在开发大的选题或者复杂任务时，设计系列微课，扬长避短。系列化微课程符合课程开发的建构主义，让知识结构更系统层级逻辑更清晰、问题场景更聚焦、内容阐述更详实。

还记得"把大象装冰箱分几步"那个娱乐段子吗？其实不是一个段子，而是一系列段子：

- ✓ 第一个段子是：把大象装进冰箱需要几步？
  - ◇ 回答：分三步。把冰箱门打开，把大象塞进去，关上冰箱门。
- ✓ 第二个段子是：把长颈鹿放进冰箱需要几步？
  - ◇ 回答：分四步。把冰箱门打开，把大象拿出来，把长颈鹿塞进去，把冰箱门关上。因为大象还在冰箱里。
- ✓ 第三个段子是：森林里开大会谁没去？
  - ◇ 回答：长颈鹿没去，因为它在冰箱里。
- ✓ 第四个段子是：一个人过鳄鱼湖为什么没有被鳄鱼吃掉？
  - ◇ 回答：因为所有动物都到森林里开会去了，鳄鱼也去了，所以鳄鱼湖里没鳄鱼。

观众在听到第一个段子时就已经开怀大笑了，后面的段子不断抛出来之后，观众已经笑掉眼泪了，这就是系列段子的魅力。他们的情节发展是连贯的，这四个脑筋急转弯就构成了一系列段子集。（如图3-3所示）

```
                        ┌──────────────────┐
                        │  大象装冰箱分几步  │
                        └──────────────────┘
         ┌──────────────┬──────────┴──────────┬──────────────┐
┌──────────────┐ ┌──────────────┐ ┌──────────────┐ ┌──────────────────┐
│ 大象装冰箱分几步│ │长颈鹿装冰箱分几步│ │ 森林大会谁没去 │ │一个人过鳄鱼湖没  │
│              │ │              │ │              │ │被吃掉，为什么？  │
│第1步 把冰箱门打开│ │第1步 把冰箱门打开│ │长颈鹿没去，因为它│ │因为鳄鱼去开森林   │
│第2步 把大象塞进去│ │第2步 把大象拿出来│ │在冰箱里      │ │大会了           │
│第3步 关上冰箱门 │ │第3步 把长颈鹿塞进去│ │              │ │                 │
│              │ │第4步 关上冰箱门 │ │              │ │                 │
└──────────────┘ └──────────────┘ └──────────────┘ └──────────────────┘
```

图3-3 大象装冰箱

接下来，由HR小美和大壮分享系列微课的真实案例。

案例　公文写作

系列微课——公文写作

系列微课：公文写作系列微课

```
                    ┌──────────────────┐
                    │  公文写作系列微课  │
                    └──────────────────┘
         ┌──────────────────┼──────────────────┐
┌──────────────┐ ┌──────────────┐ ┌──────────────┐
│了解五种常见公文│ │三招让公文更精彩│ │五步让公文更严谨│
│  【知识型】   │ │  【技能型】   │ │  【技能型】   │
│              │ │              │ │              │
│1.请示的写法   │ │1.标题炫技    │ │1.调整文章格式 │
│2.通知的写法   │ │2.善用新词    │ │2.放手删掉"的""了"│
│3.通报的写法   │ │3.添加金句    │ │3.摆顺逻辑顺序 │
│4.总结的写法   │ │              │ │4.注意核实数字 │
│5.计划的写法   │ │              │ │5.检查错别字   │
└──────────────┘ └──────────────┘ └──────────────┘
```

案例分析：三个独立的微课程分别介绍：常见公文有什么、优化公文内容以及公文形式的要点。这三门微课程从不同的角度讲解公文如何写作，组合在一起又共同解决了"公文写作"这一主题。知识点之间互相独立的同时又保障了内容的完整性。学习者可以针对自身知识储备情况，选择学习顺序。

案例　安全生产

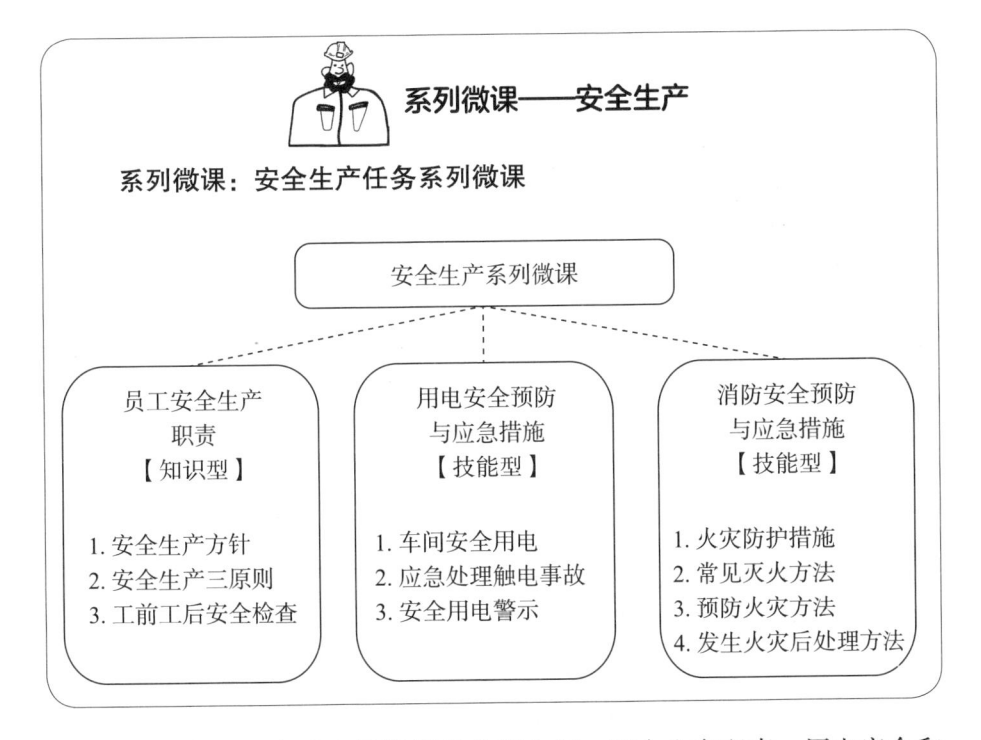

系列微课——安全生产

系列微课：安全生产任务系列微课

```
            安全生产系列微课
    ┌───────────┼───────────┐
员工安全生产   用电安全预防   消防安全预防
    职责       与应急措施     与应急措施
  【知识型】    【技能型】     【技能型】

1.安全生产方针  1.车间安全用电  1.火灾防护措施
2.安全生产三原则 2.应急处理触电事故 2.常见灭火方法
3.工前工后安全检查 3.安全用电警示  3.预防火灾方法
                              4.发生火灾后处理方法
```

案例分析：三个独立的微课程分别介绍：安全生产职责、用电安全和消防安全。其中，安全生产职责是每个员工都肩负的责任，除了生产职责以外，用电安全和防火安全是最常见的两种安全场景，所以"用电安全预防与应急措施"和"消防安全预防与应急措施"与"安全生产职责"相互独立，又组成了完整的系列。

到这里我们就完成了本章内容"金币微课：企业微课设计关键点"的讲解，接下来的一章介绍企业中用途最广泛的"大课程"的开发要点。

第二章　钻石大课：大课改造三步走

本章的题目为什么是"钻石大课改造"？

大家了解钻石的开采过程吗？钻石恒久远，一颗永流传。一颗璀璨的钻石开采过程是非常艰辛的。在初步采集的矿体中，经过多道处理遴选，才能获得金刚石毛坯，毛坯中的20%才可做首饰用途的钻坯，然后再进一步加工才能得到钻石。而大部分金刚石毛坯只能用于切割、研磨及抛光等工业用途。要得到1克拉重的钻石，需要处理250吨矿石，采货率是相当低的。

为什么把开采钻石和开发大课联系起来呢？学科教学背景下开发的课程更像传统教材。在接触的众多已经开展培训的企业中，经过多年积累大部分企业都有一批课程。虽然基础不同，培训发展经历也不相同，但普遍存在同一个现象：这些被认为已经完成的课程都有传统学科教育的缩影，理论知识偏多，难以克服工学矛盾，这些课程更像是"内容素材"。如果能在内容应用上学以致用，能在任务、场景下解决实际问题，还需要像开采钻石一样进行课程的打磨改造。

改造前后有什么区别？

以大课"市场营销"为例，前期的知识点相对独立、理论偏多。改造后的课程聚焦岗位任务、依托工作场景，整体逻辑连贯，具体内容更聚焦、更落地，操作性也更强。改造后的课程可以为面授培训服务，围绕主题展开；还可以应用于E平台作为在线点播课程，作为员工的必修或选修课程，提升职业技能。（如图3-4所示）

市场营销

传统目录	基于工作任务的目录
第一章 导论 第1节 市场营销学概述（知识） 第2节 市场营销的内涵（知识） 第3节 市场营销的重要性（知识） 第4节 市场营销管理哲学的演变（知识） 第二章 市场营销环境 第1节 市场营销环境概述（知识） 第2节 市场营销微观环境（知识） 第3节 市场营销宏观环境（知识） 第三章 市场竞争战略 第1节 竞争者分析（技能） 第2节 市场地位与竞争战略（技能） ……	任务1 认识市场营销 场景1 认识市场营销 任务2 市场营销环境分析 场景1 认识营销环境 场景2 分析市场环境制定营销策略 任务3 市场竞争策略 场景1 识别竞争者 场景2 制定市场领导者策略 场景3 制定市场挑战者策略 场景4 制定市场追随者与市场利基者策略 场景5 制定市场补缺者策略 ……

图3-4 改造前后对比

改造的原则是什么？

原则1：课程结构化

因为是大课，承担的是比较复杂的工作任务，所以在整体设计上需要结构化的逻辑呈现。课程主题和子主题之间按层次排列，我们可以称之为母课与子课的关系，相互之间具有内在的关联。

原则2：内容场景化

无论是一级标题还是二级标题，所有课程选题结合工作任务、依托工作场景，进行内容萃取与素材改造。

原则3：知识统分化

有价值的课程内容进行多元微化处理，保持每个子课知识点独立的同时，以块状逻辑结合，最终组成母课。

如何进行大课的改造？

在助力企业进行课程改造时，发现企业对培训的认识越来越理性，追求内容为王的同时，要求课程规划合理、能指导应用，同时希望不同岗位对学习内容有交集，有侧重。

本章总结了三个关键点，基本解决了大课改造的要求。

在改造开始前，有一项非常重要的工作就是判断原素材主题与改造后课程主题的契合度，也就是判断改造前后培训目标是否一致，判断的重要依据就是根据实际工作任务的培训需要而定。准确判断改造课程的主题方向后，在筛选原素材时才有所侧重，有所选择。我们通过一个案例说明为什么要明确改造后的培训目标。

案例　做一名优秀的培训主持人

如何确定课程主题

案例分析：做一名优秀的培训主持人

课程背景：HR小美经常客串做培训主持人的角色。如果为小美开发这门课程，既可以按时间划分为训前、训中、训后所做的事情，也可以按工作职责分为氛围调动、纪律约束和内容连接，两种方式都有清晰的逻辑主线组织内容，但内容重点明显不相同了。所以在课程改造中，根据工作场景，可以侧重不同的内容主题。

> **培训目标1：强调时间先后顺序**
> 如果强调时间先后顺序需要掌握的技能，此时需要根据典型工作场景采用时间维度"训前、训中、训后"作为课程框架的逻辑主线。
>
> **培训目标2：强调工作的职责要点**
> 如果考虑工作的职责，可以采用工作要点"氛围调动、纪律约束和内容连接"为课程框架的逻辑主线。

明确了改造后的培训目标后，接下来就可以正式进入本章的内容了："大课改造三步走"。

第一节　拆框架　辨知识

大部分课程素材是在同一章节下分别讲解彼此关联度不强、独立的知识点，不满足企业课程学以致用的需求，因此大课改造的第一步是要拆解原有的框架，辨明有价值的知识有哪些。

拆解框架

既然改造课程，首先就要下定决心，"拆"了原课程框架，不破不立，只有打散原课程结构，才有机会改造，让课程发挥更大的价值。

拆解框架不是简单地按照素材目录进行肢解，而是需要梳理主题，将素材拆解为一个一个相互独立的微知识，再重新组合的过程。

在拆解框架时需要"提前假象"未来框架的模样，因为我们的目的不是为了"拆"，而是为了"重建"，所以拆解框架的时候要考虑拆下来的内容是否有价值，是否保留，如果保留，重建的时候放到哪个位置。想清楚这些，才能下手去拆。

比如，在"汽车销售流程"课程中，一级目录有"怎样销售自己""标准销售流程"等章节，其中"标准销售流程"直接回答了课程题目，但是"怎样销售自己"主要讲解的内容是销售人员需要树立信心，没有直接回答课程主题，但是树立信心对销售人员是一项非常有必要的素质。这时候发现拆解的目标了，"怎么销售自己"就是被拆解的对象。拆解过程步骤如下：

- ✓ 首先判断"怎样销售自己"的核心内容树立信心有价值，所以对知识进行保留；
- ✓ 然后判断"树立信心"不适合作为一级目录；
- ✓ 最后调整其位置。将"树立信心"重新命名为"销售信心准备"，调整到"标准销售流程/售前准备"下，与"个人形象准备"并列呈现。

结论：所以拆解框架，取消一级标题"怎样销售自己"，将有用的知识点保留下来。（如图3-5所示）

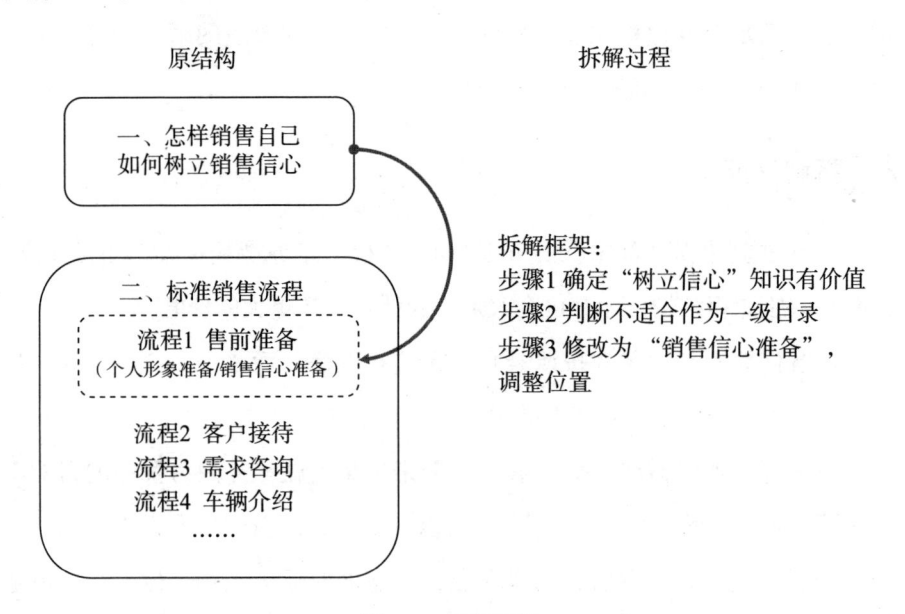

原结构　　　　　　　　　　拆解过程

一、怎样销售自己
如何树立销售信心

二、标准销售流程
　流程1 售前准备
　（个人形象准备/销售信心准备）
　流程2 客户接待
　流程3 需求咨询
　流程4 车辆介绍
　……

拆解框架：
步骤1 确定"树立信心"知识有价值
步骤2 判断不适合作为一级目录
步骤3 修改为"销售信心准备"，调整位置

图3-5　拆解框架

辨别知识

拆解原课程框架的同时，需要辨别知识有哪些，判断这些知识是否有保留价值。就像房屋翻修的过程，虽然拆了老屋子，但"拆"不是目的，而是为了日后重建。所以在拆的过程中发现了青砖、红瓦、木梁和家具，虽然砖瓦都破损了不能用，但楠木做的梁、紫檀做的家具都是极有价值的宝贝，都要善存保留以备日后使用。

辨别知识，归纳主题。在拆的过程中需要练就一双火眼金睛，快速分辨知识型、技能型、态度型等知识类型并进行分类，为了下一步提炼"干货"做好准备。

分析作用，重新定位。为了将有价值的知识重新定位，找到自己所属的新的培训目标与主题，分析知识所承担的作用。

比如"汽车标准销售流程"案例。

"汽车标准销售流程"其中一个章节是"客户开发"，原结构中下一级子目录为"潜在客户来源""客户开发原则""潜在客户开发步骤"。其中：

✓ "潜在客户来源"知识型，介绍潜在客户来源有哪些；

✓ "客户开发原则"知识型，讲授了"销售漏斗原则"；

✓ "潜在客户开发步骤"技能型，有背景分析—设定目标—实施准备—过程监督—效果评估—后续跟进，是关于客户开发流程的描述。

辨别出原课程结构中的知识后，分析他们的作用，重新定位。经过分析，初步判断有两个典型工作场景是学习者关注的，分别是："判断潜在客户""开发潜在客户"。并且将原来的三条知识重新调整位置，如图3-6所示。

✓ 场景1：判断潜在客户
  ◇ 潜在客户来源（原结构中的知识，调整了新位置）
  ◇ 潜在客户开发原则（原结构中的知识，调整了新位置）
  ◇ 判断潜在客户的方法（补充的新知识）

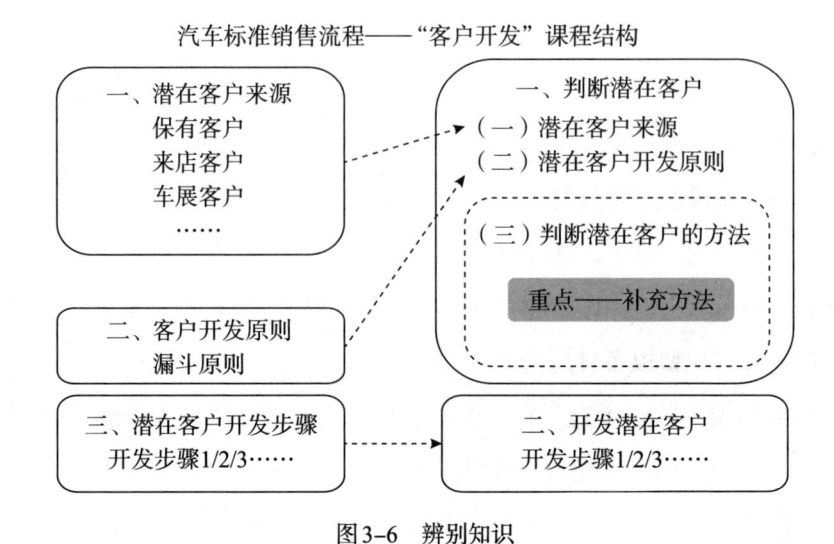

汽车标准销售流程——"客户开发"课程结构

```
一、潜在客户来源              一、判断潜在客户
   保有客户          ------→ （一）潜在客户来源
   来店客户          ┌-----→ （二）潜在客户开发原则
   车展客户          │      ┌────────────────────┐
   ……             │      │（三）判断潜在客户的方法│
                    │      │                        │
                    │      │   重点——补充方法      │
                    │      └────────────────────┘
二、客户开发原则      │
   漏斗原则         ─┘

三、潜在客户开发步骤          二、开发潜在客户
   开发步骤1/2/3…… ------→    开发步骤1/2/3……
```

图3-6　辨别知识

✓ 场景2：开发潜在客户

◇ 开发步骤1/2/3（原结构中的知识，位置不变动）

虽然保留了老房子的宝贝，但在建房子的时候也需要补充新的建材。在这个案例中，需要补充"根据不同来源，判断潜在客户的方法"，方法中包括判断潜在客户是否有真正的需求、是否有足够的资金、是否有决定权等，这些都是判断潜在客户的技能。改造后的内容就是学习者眼中的"干货"了。

第二节　提干货　描场景

辨别清楚原有的素材之后，就要对其进行改造了。依据改造原则，结合知识性质，同时结合工作任务，依托工作场景，提取内容中的"干货"，以母课与子课的关系呈现逻辑结构。

辨别干货

虽然辨识出原课程框架中的KSA，但是在众多知识中认出哪些是"干货"，如何有效并且迅速的辨别出来？

推荐一个方法，选择最重要的内容，罗列优先级。还记得一个游戏吗？在一张白纸上写出你认为最重要的四件事，比如生命、健康、感情、事业，然后每次划掉一个，直到最后一次，这样你就能知道在内心中什么最重要？我们可以参考这个方法，在众多的知识中快速辨别你眼中的"干货"是什么。

还有三个标准来辨别"干货"：

- ✓ 标准1：之前不知道的，或者知道的不全面的知识或技能。
- ✓ 标准2：学习了就能照着做，也就是学以致用的目的。
- ✓ 标准3：做了就有效，不但有流程，还提供有效的方法、措施、工具做保障。

比如在"有效沟通"中，有两个知识点分别是"沟通的重要性"和"沟通技巧"。

如果对两个知识点进行优先级排序，大部分人会选择"沟通技巧"作为内容"干货"的第一位，可能之前不知道或者知道的不全面，希望通过学习能够指导实践，提升沟通效果。至于"沟通的重要性"大部分人都了解，作为知识铺垫或者场景导入故事，甚至一句话描述都能解释清楚。所以销售大金在这里选择了"沟通技巧"作为第一优先级的"干货"。

我的选择是…

沟通重要性（？）　　沟通技巧（✓）

需注意，不是说"重要性"不重要，而是在"有效沟通"中，相对比"沟通的重要性"，学习者更希望学习沟通技巧。但在另一门课程"有效倾听"中情况就不一样了。

在"有效倾听"中也有两个部分的内容，分别是"倾听的重要性"和"倾听技巧"，两者的优先级同等重要。因为倾听技巧有"目光注视、身体前倾、认真记录、频频点头"，只要学习，这些技巧好理解也容易操作。很多人做不到有效倾听的原因是缺失"倾听的意识"，倾听是给予对方的尊重，从情感上满足对方述说的需求，只有知道了倾听的"重要性"，在倾听时才会发自内心的去执行，因此这门课程中"倾听的重要性"就很有必要作为独立的知识点进行描述了。

HR小美的决定是两个知识点都保留。所以还是需要根据实际的工作场景，以及遇到的典型问题去辨别并保留内容干货。

同等重要哦

倾听重要性（√）　　　倾听技巧（√）

描述场景

强调场景的作用，在工作场景下开发课程。让知识"学以致用"，学习者不但学习了知识、技能、态度，还知道在什么场景下如何正确使用，将割裂的"学习"和"应用"联系起来，达到开发课程的目标。

有的知识对应一个典型的应用场景。比如"投诉电话沟通技巧"，既有"干货"，又知道是在接听客户投诉电话场景下使用的知识。

有的"干货"可以应用于多个场景。比如"书面沟通技巧",这个技巧可以用在给客户发送邮件、撰写内部通知、书写会议记录等不同的应用场景,如果不指明场景,"书面沟通技巧"的知识范围就不好聚焦了。

因此,把重点内容与场景联系起来,让课程更有针对性,更聚焦课程主题。

在开发"汽车销售流程"中有一章节内容是"客户沟通技巧",看看销售大金是如何描述干货场景的。

案例 客户沟通技巧

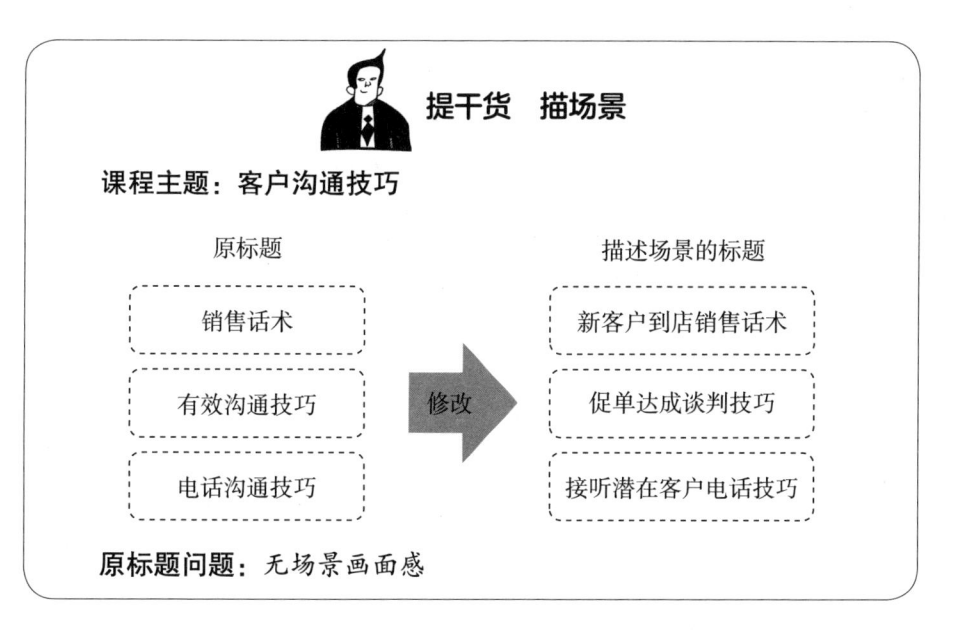

提干货 描场景

课程主题:客户沟通技巧

原标题	描述场景的标题
销售话术	新客户到店销售话术
有效沟通技巧	促单达成谈判技巧
电话沟通技巧	接听潜在客户电话技巧

(修改)

原标题问题:无场景画面感

原课程结构中,该模块的下一级子目录分别是"销售话术""有效沟通技巧""电话沟通技巧"。但是这些"干货"更适合在什么场景下使用呢?没有场景描述不能激起学习兴趣,无法直击学习者大脑最里层的爬行脑。增加了场景描述,或者是"新客户到店"的场景或者是"促单达成"的场景或者是"接听潜在客户电话"的场景,在具体场景中聚焦痛点,学习该内容后能精准达到学习者的增益止损点。

第三节　微处理　搭结构

拆了老房子，留下有价值的楠木梁、红木家具，再接下来就可以大刀阔斧地改建新房子了。保留了有价值的知识，依据工作场景，调整培训目标，重新规划逻辑结构，依然按照金字塔原理先纵后横搭建课程框架。

微处理

独成珍珠，串成项链。首先要做知识的"微化处理"，保证其"独立性"。从学习者角度出发，把每一个知识点作为一门微课程看待，以微课的要求梳理有价值的知识，每一个知识点聚焦一个场景、解决一个问题。因为这样微化处理后的知识，在组建新的课程结构时，就像一块独立的积木，既能保证自身的学习价值，还可以三三两两组合成某一个小主题，让学习者"挑着学"，并且所有知识点组在一起最终形成完整的学习主题，起到"独成珍珠，串成项链"的作用。

案例分享，在"有效沟通"原课程结构中，主要包括"沟通重要性""沟通要素""沟通技巧"等内容。这些内容中有"干货"，但是缺少应用场景，所以结合应用场景及需要解决的问题后，将知识按照"沟通对象"的维度，重新微化处理成几门微课程："与客户沟通技巧""与同事沟通技巧""与上级沟通技巧""沟通加分项——正确使用肢体语言"。

经过微处理的内容，每一个子课都能独立完成一个学习目标，组在一起又能实现"有效沟通"母课的课程目标。并且两两组合还能承担某一个特殊要求的小主题。（如图3-7所示）比如：

- ✓ 不善言辞的技术老研，在学习了"沟通的重要性和原则"基础上选择了"与同事沟通技巧"；
- ✓ 掌握了基本沟通技巧的销售大金，希望学习"与上级沟通技巧"和"沟通加分项——争取使用肢体语言"两门课程。

第三部分 典型课程设计

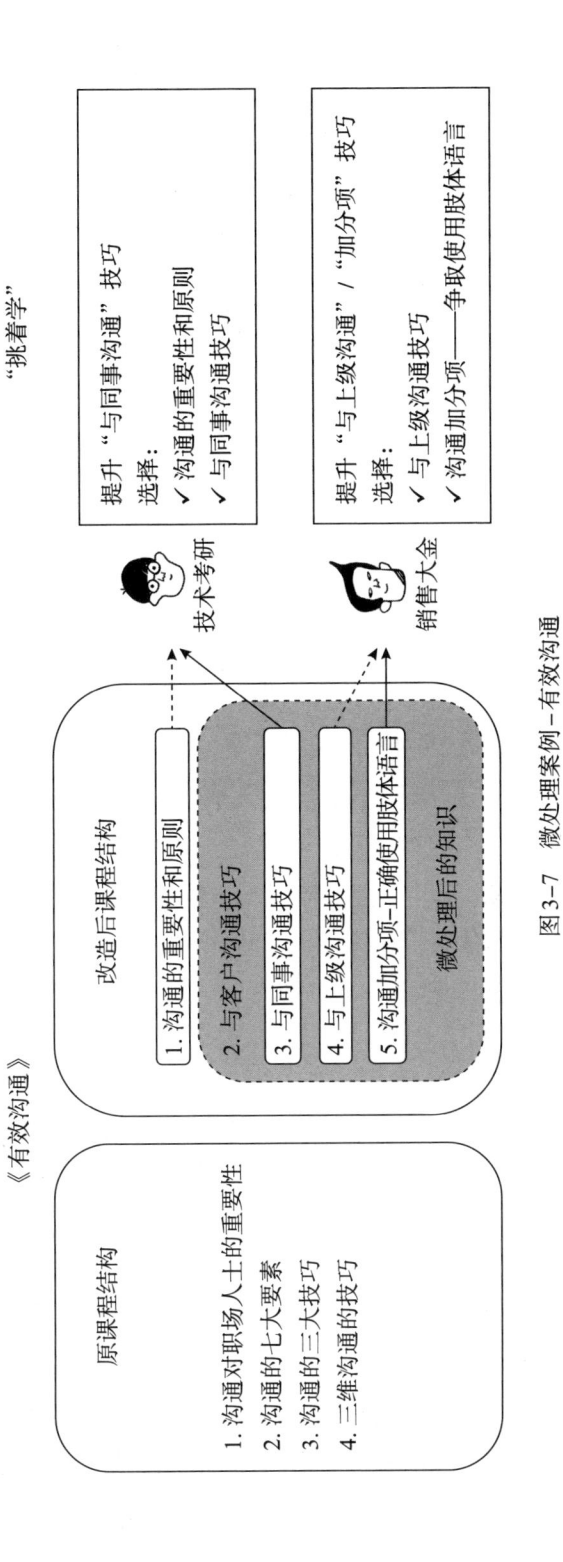

图 3-7 微处理案例-有效沟通

《有效沟通》

原课程结构

1. 沟通对职场人士的重要性
2. 沟通的七大要素
3. 沟通的三大技巧
4. 三维沟通的技巧

改造后课程结构

1. 沟通的重要性和原则
2. 与客户沟通技巧
3. 与同事沟通技巧
4. 与上级沟通技巧
5. 沟通加分项-正确使用肢体语言

微处理后的知识

技术老研

销售大金

"挑着学"

提升"与同事沟通"技巧
选择：
✓ 沟通的重要性和原则
✓ 与同事沟通技巧

提升"与上级沟通"/"加分项"技巧
选择：
✓ 与上级沟通技巧
✓ 沟通加分项——争取使用肢体语言

209

搭结构

在改造课程逻辑时依然按照金字塔逻辑先纵后横搭建结构，纵向搭建时一级目录回答课程目标，二级及以下目录回答上一级目录；横向搭建时同一层级各知识点颗粒度保持一致，并选择清晰的逻辑方式进行横向展开。

案例分享，在"汽车标准销售流程"课程中，有一部分内容是"标准销售流程与技巧"，目录如下：

标准销售流程与技巧

1.销售的涵义

（1）什么是销售顾问

（2）销售成功的要素

2.标准销售流程与技巧

（1）客户开发

（2）售前准备

（3）接待

……

我们对原框架进行分析：

✓ 问题1：一级标题"标准销售流程与技巧"的表述不准确。因为该模块是沿着"销售流程"的时间维度进行的讲解，没有体现"销售技巧"的内容,也没有沿着技巧相关的逻辑展开。
- ✓ 问题2:二级标题的颗粒度不均衡。从内容的知识容量上看,"销售的涵义"内容占比极低,而"标准销售流程"的内容非常多,所以二级标题的颗粒度不均衡。

如图3-8所示,修改建议为:
- ✓ 建议1:修改一级标题为"标准销售流程"。
- ✓ 建议2:删除二级标题"销售的涵义",可以将内容微化处理,作为"标准销售流程"的知识背景。
- ✓ 建议3:修改二级标题为一级标题:"步骤1客户开发、步骤2售前准备"……

原课程结构　　　　　　　　　　　改造后课程结构

标准销售流程与技巧　　　修改题目　　　标准销售流程

1.销售的涵义
（1）什么是销售顾问
（2）销售成功的要素

取消一级标题
调整为知识铺垫

知识铺垫:销售的涵义

2.标准销售流程与技巧
（1）客户开发
（2）售前准备
（3）客户接待
……

将二级标题升级
为一级标题

标准销售流程
步骤1:客户开发
步骤2:售前准备
步骤3:客户接待
……

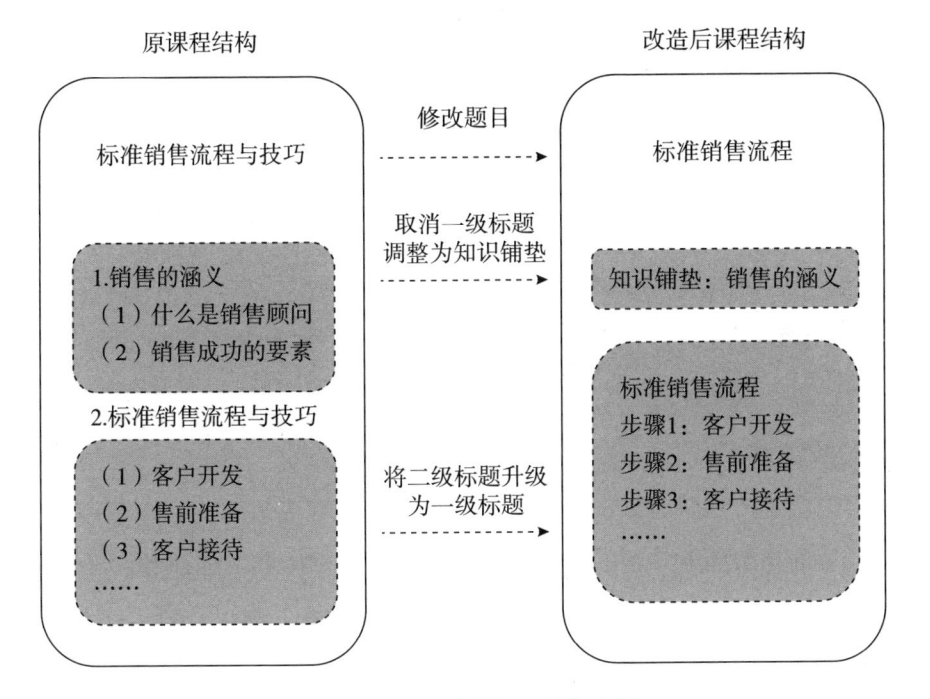

图3-8　搭结构案例——销售流程

⚙ 【工具】大课改造工具

综合大课改造的步骤，其中的关键动作包括：

- ✓ "找茬"——问题描述：找到原课程结构中的问题。
- ✓ "备胎"——提供建议：为发现的问题提供几种方案，包括解决方法和提供的建议。
- ✓ "下刀"——重建措施：重新确定课程目标，调整子课位置形成母课新的课程逻辑。

将这些关键动作总结了一个工具表（如表3-1所示）。

表3-1 课程框架重构工具

问题描述	提供建议	解决措施
标题名称表述不准确	考虑1修改该模块的标题名称的表述 考虑2修改课程题目或者上一级标题的表述 考虑3为模块标题添加场景描述	依据原则：下一级标题直接回答课程题目或上一级标题 解决措施：重新梳理框架 ✓ 保留 ✓ 修改 ✓ 删除 ✓ 重新排序
同一级标题颗粒度不均衡	考虑该模块升降级	
模块内容文不对题	考虑1，取消该模块 考虑2，知识打散融入其他模块	

下面结合工具分享一个"汽车标准销售流程"大课改造过程的案例。在原课程结构基础上，首先找到问题，并且给出改造的建议方案，是进行修改，还是删除，或者调整位置等。（如图3-9所示）

原课程结构

"汽车标准销售流程"

一、品牌建设与管理
1. 品牌的历史渊源
   （1）历史渊源
   （2）新时代发展
2. 品牌理念
   （1）品牌的价值
   （2）服务核心理念

二、怎样销售自己
1. 乔·吉拉德的简介与思维
2. 树立坚定的信心

三、标准销售流程与技巧
1. 销售的涵义
   （1）什么是销售顾问
   （2）销售成功的要素
2. 标准销售流程与技巧
   （1）客户开发
   （2）售前准备
   ……

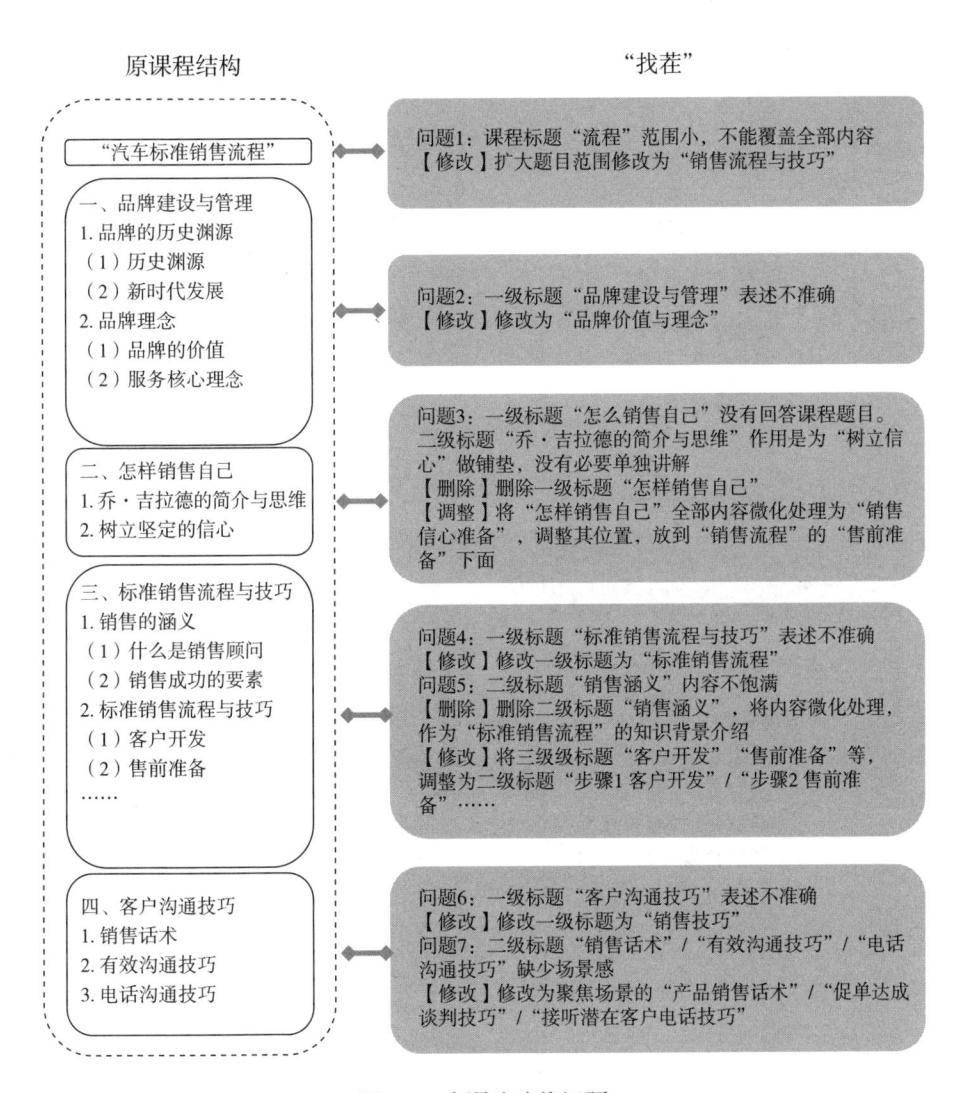

四、客户沟通技巧
1. 销售话术
2. 有效沟通技巧
3. 电话沟通技巧

"找茬"

问题1：课程标题"流程"范围小，不能覆盖全部内容
【修改】扩大题目范围修改为"销售流程与技巧"

问题2：一级标题"品牌建设与管理"表述不准确
【修改】修改为"品牌价值与理念"

问题3：一级标题"怎么销售自己"没有回答课程题目。二级标题"乔·吉拉德的简介与思维"作用是为"树立信心"做铺垫，没有必要单独讲解
【删除】删除一级标题"怎样销售自己"
【调整】将"怎样销售自己"全部内容微化处理为"销售信心准备"，调整其位置，放到"销售流程"的"售前准备"下面

问题4：一级标题"标准销售流程与技巧"表述不准确
【修改】修改一级标题为"标准销售流程"
问题5：二级标题"销售涵义"内容不饱满
【删除】删除二级标题"销售涵义"，将内容微化处理，作为"标准销售流程"的知识背景介绍
【修改】将三级标题"客户开发""售前准备"等，调整为二级标题"步骤1 客户开发"/"步骤2 售前准备"……

问题6：一级标题"客户沟通技巧"表述不准确
【修改】修改一级标题为"销售技巧"
问题7：二级标题"销售话术""有效沟通技巧""电话沟通技巧"缺少场景感
【修改】修改为聚焦场景的"产品销售话术""促单达成谈判技巧""接听潜在客户电话技巧"

图3-9 大课改造找问题

修改后的结果如图3-10所示。

原课程结构	修改后课程结构
"汽车标准销售流程"	"汽车销售流程与技巧"
一、品牌建设与管理 1. 品牌的历史渊源 （1）历史渊源 （2）新时代发展 2. 品牌理念 （1）品牌的价值 （2）服务核心理念	一、品牌价值理念 1. 品牌的历史渊源 （1）历史渊源 （2）新时代发展 2. 品牌理念 （1）品牌的价值 （2）服务核心理念
二、怎样销售自己 1. 乔·吉拉德的简介与思维 2. 树立坚定的信心	
三、标准销售流程与技巧 1. 销售的涵义 （1）什么是销售顾问 （2）销售成功的要素 2. 标准销售流程与技巧 （1）客户开发 （2）售前准备……	二、汽车标准销售流程 步骤1 客户开发 步骤2 售前准备 （1）销售信心准备 （2）个人形象准备 步骤3 客户接待 ……
四、客户沟通技巧 1. 销售话术 2. 有效沟通技巧 3. 电话沟通技巧	三、汽车销售技巧 1. 产品销售话术 2. 促单达成谈判技巧 3. 接听潜在客户电话技巧

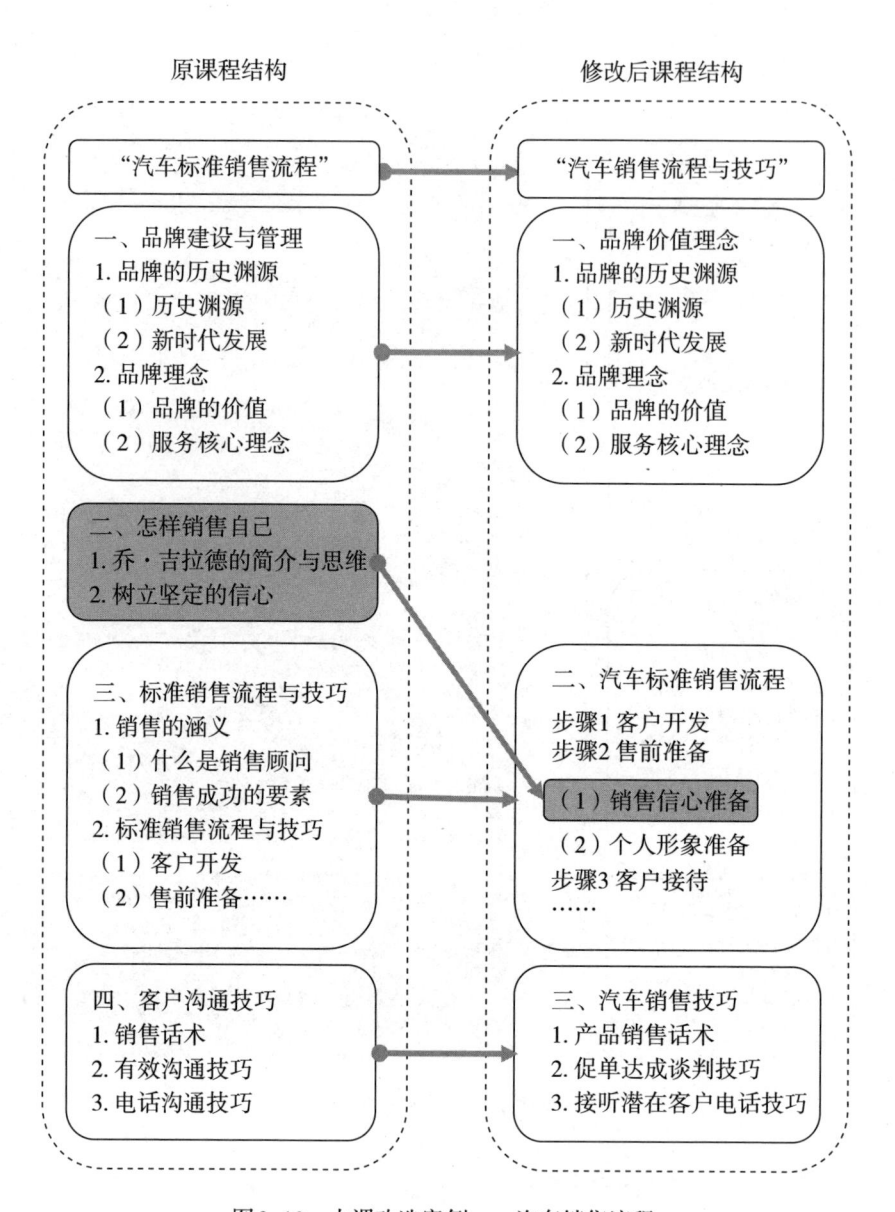

图3-10　大课改造案例——汽车销售流程

> **点破误区**
>
> **误区1：强拆框架**
>
> 不要强拆框架。拆框架的原因是因为原框架有不合理的地方，不要为了"拆框架"而"拆框架"。
>
> **误区2：生搬场景**
>
> 不要强加场景。有一些内容不一定能融入场景中，可能是完成工作任务必备的知识点，所以直接保留内容即可。
>
> **误区3：少干货**
>
> 需要新增内容。遵循课程框架，将原有素材中有价值的内容拆解出来，同时考虑需要补充的新知识，让课程内容更加饱满。

到这里我们就完成了本章内容"钻石大课：大课改造三步走"的讲解，接下来一章介绍企业中最受欢迎的案例课程开发要点。

第七章　珍珠案例："开蚌取珠"　案例设计

案例的力量

企业内学习的最大作用，就是"避免组织重复发明"。我们的组织每天都在不断地成长，这当中有经验，也有教训，能不能整合出来，让组织少走弯路，让曾经成功或失败的经验能够更好地指导我们接下来的工作呢？我们的组织当中有那么多的"老师傅"，能不能通过一个系统，将他们的经验有效地萃取出来，进而通过学习手段复制给新人，让新人、新业务单元有效地学习成长呢？这需要借助案例的力量。

案例易萃取易复制

案例更容易萃取开发。相对比知识、技能、态度这些知识类型，案例更容易沉淀，更容易复制。为什么呢？因为案例是在实际工作场景中发生的，在案例萃取过程中不需要再去苦思冥想故事背景、事件冲突，因为案例本身自带场景感。在编写案例时，只需要回顾事件背景及发展过程，总结经验教训，就能得到一门很有参考价值的课程。

案例更容易复制。在案例中遇到的问题和解决方法紧密联系，学习者对场景认同感高、代入感强。学习案例中的经验，避免犯同样的错误，学习案例能促进行为的转化，解决实际问题。

案例开发"开蚌取珠"

案例开发的流程与课程开发"题取套现"是一致的：需要选题、萃取、设计、呈现的过程。不过在这个基础流程上，设计环节可以更精简，就像开蚌取珠的过程，选中了带珍珠的河蚌，提取其中有价值的内容，归纳总结经验教训。在这一章节中我们一起分享"开蚌取珠"的乐趣。

第一节 "选蚌"案例选取有标准

案例开发，"选蚌"的动作很关键。案例开发要基于典型的且真实的工作场景，也就是有完整的发生背景，在此基础上对案例进行开发和应用才更有价值。选择案例有两个标准，分别是来源真实、典型有价值。

案例来源真实

案例的来源是真实发生的，
- ✓ 案例发生时间：是已经发生、已经完成，也就是"过去完成时"的状态；
- ✓ 案例发生场景：可以是成功的完成某项重要的任务；也可以是在重大失误事件中吸取教训。

无论是"经验"还是"教训"一定是真实发生过，不能是假设预估的情况。

这样做的好处是：
- ✓ 好处1：以业务为背景。从实际业务场景中挖掘出来的案例，能够为学习者提供最直观的分析问题的参考样本。
- ✓ 好处2：以问题为导向。以工作中遇到的真实问题作为具体线索。

探索解决问题的途径，提升实际工作能力。

案例　华为案例库

> **华为案例库——来源真实**
>
> **案例分析**：华为案例库
>
> 华为一线员工每攻克一个"山头"项目后，都会召开复盘会，项目组所有成员就项目的真实场景进行研讨。挖掘出这个项目中的所有经验和需要改善的地方，从中沉淀和总结出相应的规律、工具、表单、方法等，以供在下一次项目中使用。案例以文本的形式沉淀下来，投递到公司的案例库，由华为大学的专家进行评审，好的案例会用在教材中，华为强大的知识管理能力也来源于此。
>
> **以业务为背景**
>
> 华为内部有大量的管理以及业务案例，特别是大型的业务案例，不同类型的案例都有相应的模板。案例教学一定是要根据企业自身的实际业务情况开发。
>
> **以问题为导向**
>
> 案例更多的是在业务部门中复盘。复盘在华为是一种文化，部门会经常进行复盘，在复盘的时候案例就是一个很好的素材。指导业务部门通过案例来进行复盘解决实际工作中的问题，从而提升组织的整体能力。

案例典型有价值

选取的案例应该是典型的，并且具有教育意义，案例的价值体现在：
- ✓ 案例是典型的：在工作中发生的频率较高，是常见的、经常发生的问题，不能是某一个偶尔发生的小概率个性事件。案例开发工作是需要时间成本、人工成本的，如果案例不典型，开发后学习人数少、频次低，就起不到优秀人才复制的作用了。

- ✓ 案例有教育意义：案例本身导向清晰，有明确的结论，经过萃取开发后，经验可快速复制、广泛应用，让案例经验学以致用。

案例　保守秘密

泄密案例——典型有价值

案例分享：泄密企业信息

某企业员工入职后就职于营销事业部，经过努力晋升为某国外的国代，事业前途一片美好。任职期间，对手公司以金钱利益进行诱惑，该员工没有抵制住，放弃了大好前景，泄露了公司机密，为企业造成了巨大损失，最终在错误的道路上越走越远，触犯了法律。

典型性

这是一个真实的案例，发生的企业是一家国内行业标杆，公司内有非常多的国外销售代表，触犯法律的不多，但徘徊在法律边缘的却不少，所以属于典型事件。

有教育意义

保守秘密是员工应该遵守的职业道德规范，不但是工作职责，更是不可触碰的法律底线，非常具有教育意义。所以该事件发生后，企业相关部门选取了此案例，脱敏后进行了案例开发，给其他员工敲响了警钟。

第二节 "开蚌"案例萃取一招鲜

1. 案例萃取工具

案例的特点非常鲜明，在萃取过程中分成两个步骤：第一步是"演绎"的过程，就是对发生的案例进行描述；第二步是"归纳"的过程，把案例的教育意义进行归纳整理。

- ✓ 步骤1　案例演绎。从案例的背景、事件经过、案例的核心冲突、问题、难点、案例解决过程等关键点进行描述。
- ✓ 步骤2　案例归纳。通过案例可以得到哪些教训、正向启示或改进建议，通过案例可以学习哪些经验、思想、方法论。

案例萃取工具

这里整理了一个案例萃取工具，如表3-2所示。

表3-2　案例萃取工具

项目		内容
演绎 （背景描述）	背景	描述案例发生的客观环境、政策导向等相关要素。
	事件	描述事情发生的经过，包括不限于时间地点人物活动。
	核心冲突/问题/难点	总结提炼事件中核心冲突，或完成该任务的难点。
	分析原因	跳出事件本身，客观分析造成冲突、难题的原因。
归纳 （分析与应用）	解决对策与结论	（成功案例）提炼成功解决的方法论。 （失败教训）复盘失败原因，提出可行解决对策。
	案例应用	将解决对策进行普适化处理，做到人才的复制。

在使用案例萃取工具时，还有几个温馨提示。

温馨提示

- 提示1　场景化。案例发生在真实的场景中，场景描述尽量具体，学习者才有更强的认同感和代入感。
- 提示2　精准化。还原真实过程，表达逻辑要清晰，语句尽量简洁，因为不同于讲故事，不需要"大而全"的描述，抓住案例中的关键信息即可。必要时根据需要进行敏感信息的处理，比如隐去真实的人名、敏感的财务数据及易泄密的商业信息等。
- 提示3　标准化。使用"案例萃取工具"，在描述时能保证案例的标准且完整，方便知识管理和二次开发。
- 提示4　客观性。站在中立者角度进行客观分析，就案例本身进行分析评价、总结经验教训。

我们先分享"爱咬指甲的玛丽"，通过这个生活中的案例套用工具进行案例萃取，验证一下这个工具是否有效。

案例　爱咬指甲的玛丽

表3-3　（案例）"爱咬指甲的玛丽"案例萃取

项　目		内　容
演绎 （背景描述）	背景	女孩玛丽是一个不幸的孩子，从小生长在一个缺少温暖的家庭里，父亲常年酗酒，喝醉后对母女俩经常拳打脚踢，还沾染上了吸毒的恶习。因此玛丽从记事起就生活在一个恐怖的环境里。 　　但玛丽又是幸运的孩子，在五岁的时候被一对富有爱心的夫妻收养，从此在新环境下快乐地成长起来。

续表

项 目		内 容
归纳 （分析与应用）	事件	养父母发现玛丽总是不经意地咬指甲，特别是最近一段时间，把十个手指的指甲咬光后，甚至把手指都咬破了。
	核心冲突/问题/难点	虽然经常耐心的阻止，可女孩依旧改不了这个习惯。
	分析原因	于是养父母带着玛丽去看医生。医生大卫告诉他们，咬指甲是一种常见现象，是孩子缺锌的表现。另外一个原因，指甲是动物防御的武器，因为玛丽从小生长环境缺少安全感甚至时常有危机来临，幼小的她在无力抵抗的时候咬光指甲，其实是向外界投降的表现行为。
	解决对策与结论	为了改变玛丽咬指甲的坏习惯，可以从以下几个方面进行改善： 心理疗法：需要养父母长期的关爱，给予玛丽安全感，逐渐降低她的紧张、敌对、恐惧等情绪。 补锌疗法：从食物中多摄取含锌的微量元素，比如鱼、瘦肉、牛奶等；还需要药补，定期吃一些含锌的药物即可。
	案例应用	很多年轻的父母面对孩子出现的各种各样的小动作都不太了解，除了咬指甲这个问题，还有很多类似的小动作也是体现小孩的身体问题和心理问题的，所以家长们要注意观察。

这是一个典型的具有教育意义的生活案例，通过这个工具，轻松、快速、精准地萃取了一个完整的案例。在案例中既分析了事件的问题，又得到了解决的答案。

验证了工具的有效性，接下来我们用这个工具萃取一个实际工作场景中真实发生的案例：切勿通过非正规渠道融资炒股，做理性投资人。

案例　切勿通过非正规渠道融资炒股，做理性投资人

表3-4　（案例）"做理性投资人"案例萃取

项　目		内　容
演绎 （背景描述）	背景	2015年股市行情火爆，有投资者希望在股市大捞一笔。
	事件	"土豪"王老板与某资产管理公司和配资公司签署投资协议，王老板向其账户转入500万元，对方以高额利息配额1500万元；随后王老板先后投入2000万元，配资公司为其配资6000多万，杠杆比例达3倍多。A股在此期间上涨约30%，收益大增。 然而，很快A股市场进入熊市，跌势迅猛，王老板亏损额度达600万元。在外部局势不利、配资公司诱导和自身赌徒心理作用下不断补仓。最终累计投入7000多万元，加上给配资公司的利息和手续费，共亏损近1亿元。由于是配资虚拟账户，配资公司跑路后，王老板账户被清仓，最终血本无归。
	核心冲突/问题/难点	通过配资公司投资，配资公司跑路，王老板账户被清仓血本无归。
	分析	原因1：投资者被外部诱导； 原因2：自身赌徒心理、不清楚配资风险。
归纳 （分析与应用）	解决对策与结论	复盘如下： 结论1.配资放大了杠杆比例，加大了财务风险； 结论2.账户被配资公司控制，资金安全性难以得到保障。
	案例应用	配资风险大，投资需谨慎。 1.投资者应增强风险防范意识。选择正规渠道融资，如通过证券公司、快融通、股票质押回购方式。 2.投资者应妥善保管自己账户。不要将账户出借他人，以防他人恶意和非法操作产生法律风险。

2.【点破误区】案例萃取误区

在案例萃取过程中需要注意避免两个误区：

> **点破误区**
>
> **误区1：案例描述=讲故事**
>
> 案例不是讲故事，它有培训目标，描述要分轻重、分主次，按照工具分条描述清楚，文字不要过长，但也不能过于简短丢失关键信息。特别是有歧义和争议的案例尽量不要采用。
>
> **误区2：案例描述=1∶1完全还原事件**
>
> 案例描述不需要完全还原事件，就像文学作品，源于生活但更高于生活。案例承担着培训任务，场景描述清晰即可，要根据使用场景，对案例进行取舍加工，以及脱敏处理。

第三节 "取珍珠"案例应用要落地

案例开发的价值在于应用

案例开发后如果束之高阁就丧失了开发的意义。从案例筛选到问题分析，再到解决方案的提炼，通过对实际问题、实际场景的分析习得理论，能够培养学习者解决问题、举一反三的能力，从而解决工作场景中的更多的问题。

案例呈现方式不拘一格

根据案例萃取工具得到逻辑清晰的成果，在此基础上，可以做成视频动画课程、亦或PPT图文课程、甚至以纯文本的形式，都可以作为重要的学习资料推送给学习者。注意关注迭代更新的过程，以保证学习者及时了解案例知识。

案例应用的方式：学—思—践—悟

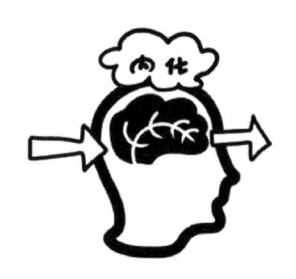

打造案例"学—思—践—悟"的闭环应用。

- ✓ 学：学习案例。案例的呈现形式不同，学习的媒介与平台也形式各异。视频形式的案例是图像化学习方式，更直观，画面感更强，通过类似于刷短视频的方式就可以完成学习；文本形式是文字方式的学习，阅读一篇文章占用的时间少，可以随时查看更新，更便捷，可以通过公众号推文的形式进行学习。
- ✓ 思：引发思考。经过案例学习，聚焦实际工作中的问题，组织线上或线下研讨，让学习者"说出来"，引导学习者主动思考。轻量级的研讨比如开放案例留言区、评论区；重量级的可以定期开展专项主题线下研讨会，激发学习者参与积极性，在研讨中要求学习者要有经过思考的发言，多角度深入分析工作问题，碰撞出思想火花。
- ✓ 践：勇于实践。案例来源于真实发生的事件，也是学习者在工作中很可能遇到的相似情景，所以将案例萃取出的理论应用于实践、指导实践，在实践中"做到"是"知道"的递进目标。
- ✓ 悟：深刻领悟。经过案例的学习、思考、实践后，再总结复盘自己的行为，在应用理论指导实践过程中思考是否有可以继续改进的地方，有没有思考上的升华。可以将个人感悟撰写成文，与大家分享交流，也可交给组织内的培训专家以及业务专家进行点评，给予宝贵的建议。

截止到这里，就介绍完了培训经理枕边书的上册《开发一门场景化课程》的全部内容，最后，引用陆游的一首诗作为结束：

古人学问无遗力，少壮工夫老始成。
纸上得来终觉浅，绝知此事要躬行。

向古人学习，活到老学到老。学习知识固然重要，但是不断实践才是求知的最佳途径。须知，只有能够转化为能力的知识才是力量。我愿和大家共勉。

参考文献

［1］于加朋. 课程设计与开发［M］. 北京：北京大学出版社. 2013.

［2］孙波. 最佳实践萃取［M］. 江苏：人民出版社. 2017.

［3］悦扬，李殿波，余雪梅. 企业经验萃取与案例开发［M］. 北京：电子工业出版社. 2017.

［4］邱伟. BEST高能经验萃取［M］. 北京：电子工业出版社. 2020

后 记

《培训经理枕边书》分为上册《开发一门场景化课程》与下册《绘制关键岗位学习地图》，到此已经完成了本册的全部内容。在培训行业摸爬滚打近20年，编写这两本书的初衷就是希望将过往的经验、教训整理成册，希望能给同行业的伙伴提供正向的参考，或是作为可分析的文字资料，只要能为组织培训的发展前进提供一丝借鉴，也就没有遗憾了。

感谢企业培训行业中的专业人士，书中所呈现的各种模型、工具以及大大小小的案例均来自两百余家企业的实际项目，或者经过归纳总结，或者通过脱敏处理后的提炼。这些企业无论是世界500强还是国内500强，或者某个细分领域的前三甲，他们有一个共性——都是各个行业的引领者，并且在良好经营的基础上都非常重视培训工作，都设有专门的培训部门。在这个庞大的培训管理队伍中有非常多的专业人士，他们提出了组织培训中所需要解决的问题，更给出了诸多意见与建议，在此一并感谢他们的激励与鞭策。

最后，引用陆游的一首诗作为本书的结语：

> 古人学问无遗力，少壮工夫老始成。
> 纸上得来终觉浅，绝知此事要躬行。

向古人学习，活到老学到老。学习知识固然重要，但是不断实践才是求知的最佳途径。须知，只有能够转化为能力的知识才是力量，我愿和大家共勉。

作者

2023 年 8 月 16 日